角田洋子

行基論

大乗仏教自覚史の試み

専修大学出版局

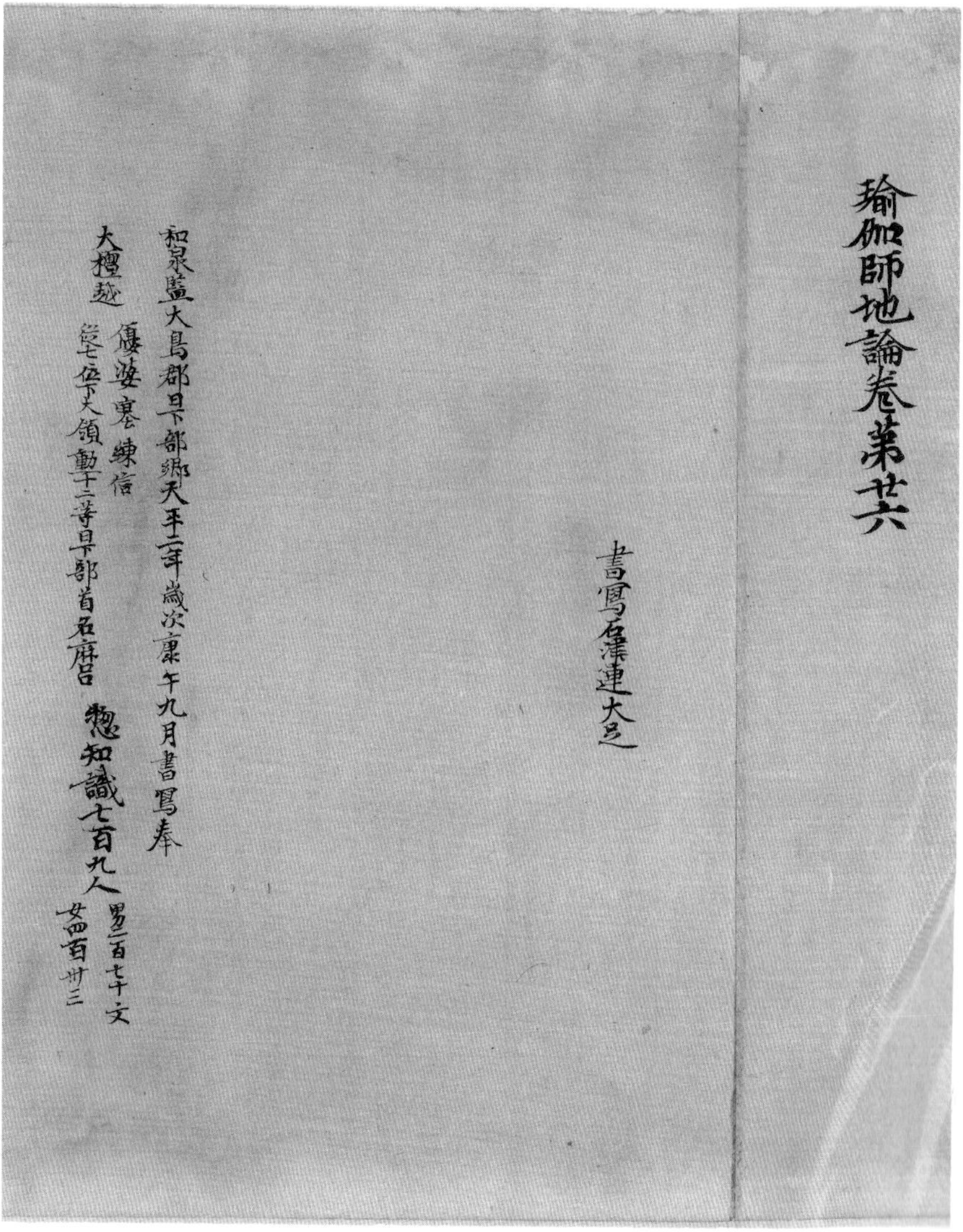
瑜伽師地論巻第廿六

書寫石津連大足

和泉監大鳥郡日下部郷天平二年歳次庚午九月書寫奉

大檀越　優婆塞練信

従七位下大領勲十二等日下部首名麻呂

惣知識七百九人　男二百七十六　女四百卅三

和泉監知識経・瑜伽師地論巻二十六（奥書）

天理大学附属天理図書館蔵

行基論

——大乗仏教自覚史の試み——

〈目　次〉

目　　次

序章　古代仏教史における本論考の課題

はじめに

律令国家は「僧尼令」において「寺院を出て別に道場を建て衆生を教化すること」を禁じ違反すれば還俗という最も重い罰則をもって臨むことを規定していた。その「僧尼令」違反を承知の上で大々的に布教活動を展開した点に、行基とその弟子等の活動を理解する最大の鍵があると思う。たびたびの禁令にもかかわらず活動を継続、拡大し、四十九余の道場を畿内およびその周辺に建立し、千とも数千ともいわれている信者を獲得して彼等とともに各所に橋や溝瀆用池、堤、堀、津、道などを建設していったその原動力はどこにあったのであろうか。古代官人や僧尼にとって、いや現代においてさえ国家の憲章に違反する行動に出るためには相応の正当性に裏付けられた信条が必要である。行基等の実践の背後にある思想を検討するとき、彼等に国家の憲章を超える正当性を与えた仏教教義とは何であったのか。同時に千とも数千ともいわれる人々を動かし、行基等の元に結集させた仏教の教えとはどのようなものであったのか。この二点を統一し得る教義を追究することと、行基の活動に参加した律令僧尼の中にそのような教義の自覚が芽生えるにはどのような歴史的経緯があったのかということを明らかにしてゆくことが、行基等の活動を理解する上で重要であると思う。

僧尼等の主体的な教義の自覚

一九九〇年代に入り古代仏教研究においては、従来の「氏族仏教から国家仏教へ」という受容主体の枠組みについて、また国家仏教即ち鎮護国家の仏教という、仏教の果たした役割についての認識を見直す見解が提起されている。百済よりの仏教伝来についても倭国側の主体的な受容の状況が指摘され、外交を通じて一貫した国家の関与のもとに仏教が受容されてゆく様相が明らかにされている。大王（天皇）は支配層の結束、統合のために仏教を積極的に活用し、支配層に普及を図った。その際、祖先崇拝といった民族的な宗教意識に依拠したのみでなく、戒律という仏教固有の思想を早くから重視し、倭国にその体制を整備することにも力を注いだことが指摘されている[1]。

一方国家が主導する、支配層による支配層のための仏教の受容に対して、民衆への仏教の浸透、普及も奈良時代に入ると著しいものがあることは、すでに七〇年代の初めに明らかにされ、古代仏教即ち国家仏教といった見方はできなくなっている[2]。しかし、律令の「僧尼令」には僧尼の居所・活動を寺院内に限る「非寺院条」という条文があり、この規定は僧尼の自由な意志による自由な仏教活動を事実上禁止するという効果をもっている。「僧尼令」全体も僧尼は律令国家に奉仕するべき者ということを前提として作られたものである。古代日本が早くから受容した大乗経典の教義からみても、民衆への布教を事実上禁止する「僧尼令」は、衆生救済を使命とする大乗の教えの実践とは根本的に矛盾するものであった。こうした国家の仏教政策の下で、大乗の教えに基づく布教活動を敢行する僧尼達がどのように現れてきたのかを明らかにすることは、日本古代仏教史においても重要な課題であると思う。

大乗仏教の興隆と発展はインドの仏教史において、思想面においても衆生教化の実践面においても画期的なできごとであった(3)。中国においては東晋の慧遠が鳩摩羅什との問答を通じて大乗思想を摂取したことが中国での大乗思想受容の画期として意識され、仏教史上に位置付けられている(4)。古代日本にあっては仏教伝来以降僧尼は国家・支配層の仏教活動の奉仕者として養成され、その主たる任務は長らく、戒律の遵守と正確な漢音での経典の読誦によって呪術的効力を発揮することにあった(5)。中国と異なり、経典の翻訳が行われず、国家的法会においても読誦が優先し、内容的な理解が重視されないという仏教環境下で、僧尼は受動的立場におかれ、主体的に仏典を理解し、大乗思想を自覚的に受け止め、国家の指示する規則を破って実践するということは極めて難しかったといわなければならない。それでも仏教が伝来して一世紀近く経つと、宇治橋碑にみられるような衆生済度の思想によって橋がかけられるといった、大乗思想実践の萌芽が見られるようになった。唐で玄奘に学んだ道昭は帰国すると、禅院を建て、禅を弘めるとともに大々的な天下周遊、各地での橋や堤等の築造と教化という大乗菩薩行の実践を行った。行基等はそれを受け継いでさらに大規模な布教活動を行った。道昭―行基等による菩薩行の実践活動は、主体的・自覚的な僧尼による民間への布教活動という点で質・量ともに画期となったといえよう。画期となり得たのはなぜか、この視点で彼等を動かした仏教思想の追究が必要である。行基及びその集団の具体像を明らかにする上でも、この問題を日本の仏教思想受容の歴史、特に僧尼の自覚的、主体的大乗思想受容の歴史として解明する必要があるのではないかと思う(6)。

行基仏教の見直し

一九九〇年代の末に行基知識集団が建立した土塔の発掘調査が行われ、その際新たに出土した文字瓦の解読と集成が進み、そこで明らかにされた考古史料は行基研究にとって画期的なものとなった。調査は一九九八年から二〇〇六年にかけて行われ、その成果と研究報告が堺市教育委員会から公にされている[7]。行基研究史上におけるその意義については栄原永遠男氏の指摘がある[8]。すなわち文字瓦の記録によって行基の生涯の業績を記す唯一の史料『行基年譜』中の四十九院の建立時期と場所を記した「年代記」部分が基本的に史料として信憑性ありとされたのである。さらに、文字瓦に記されていた僧名により、近年注目されている行基弟子歴名を記す史料である「大僧正記」の信憑性も高まることとなった[9]。

行基の生涯の事蹟を記した同時代史料がほとんどないなかで、『行基年譜』は行基の仏教活動を具体的に編年で記録した唯一の貴重な史料である。しかし『行基年譜』は安元元（一一七五）年に泉高父によって編纂されたものであり、長年史料としての信憑性が懸案であった。『行基年譜』に初めて厳密な分析を加え、これが「天平十三年記」「年代記」「皇代記」の主要三史料より構成されていること、そのうち史料として信頼できるのは「天平十三年記」として記されている行基の行った土木事業の場所を列挙した記録部分であることを実証したのが井上光貞氏であった[10]。以後実証性を生命としてきた戦後古代史研究にあって、行基研究の主流も井上氏が史料性を証された「天平十三年記」を中心に進められることとなった。「天平十三年記」は行基の業績のうち、橋・道・池・溝といった土木工事関係の施設の場所を列挙した文書である。行基研究は勢い行基の行ったこうした事業の規模や事業を可能にした組織、支持した階層、その歴史的意義などをめぐって研究が積み重ねられ、展開することとなった。このことは必然的に行基の研究を養老六年の弾圧以後、平城京から和泉に撤退した後の土木事業中心の活動に注目する傾向へ導いた。[11]『行基年譜』中に重要な位置を占めるもう一つの史料「年代記」は、いわゆる四十九院とよばれる道場の建立時期と場所を記しており、「天平十三年記」が設立時期の記録を欠くのに比べ、活動の過程を初期から追うには極めて魅力的な史料である。しかし史料としての信憑性に疑問がもたれてきたため、先述したように、行基研究はどちらかといえば社会事業と呼ばれる分野の考察に集中し、ある意味で偏った展開を遂げてきたといもいえる。

仏教の実践集団である行基集団の最大の特徴は畿内に四十余所、畿外にもいくつもの私道場を建てて教化にあたったことである。[12]これは古代仏教史上特筆すべきことであり、天平期以降の活発化する民間仏教の盛行においても例を見ない活動である。従来行基の道場は土木事業の近接地に建てられ、教化と社会事業が一体化して行われたとの指摘が通説となっているが、土木事業を伴わない単独の道場もいくつも存在する。とりわけ初期の道場は丘陵地に単独で造られている。初期から晩年まで行基集団の教化活動は一貫して道場を拠点として行われているが、史料上の制約があったためか道場を中心とした専論はごく限られている。行基の道場を国家仏教を支える官大寺や、氏族の氏寺とは異なる、民間で自立した宗教活動を行うために不可欠な拠点として高く評価し、その意義を論じたのは石母田正氏であった。[13]氏の行基論は、行基を通して律令国家の専制的支配の仕組みと性格、そのイデオロギーを解明し、行基の活動がいかに国家の支配に組み込まれ、当時の民衆の意識状態に掣肘されざるを得なかったかを論じた前半が、従来注目されてきたように思う。しかし行基論として見た場合、行基の道場に対する石母田氏の見解はその後の民間仏教の盛行を考える上でも重要であるにもかかわらず継承され、検討されることはなかった。「年代記」の信憑性が明らかになり、考古学的調査の成果がまとめられてきている今こそ、氏の提起した行基道場の性格やその歴史的意義についても改めて実証をふまえた考察が必要であると思う。

行基研究の新たな課題

戦後の行基研究は膨大な数に上り、今日までの研究を網羅したリストは小山田和夫氏の文献目録、『行基事典』に収載されている。(14) その中で一九七〇年代に「行基研究史」と題して主要行基研究を概観し、研究史上の問題点を指摘した論考が集中的に発表されている。これは行基研究において重要な論点が次々に出され、問題点の整理が必要となったために、研究史の反省が行われたためではないかと思う。

真中幹夫「行基研究史」(『歴史学研究』三九四　一九七三)
中川　修「古代における思想主体形成の問題　―行基研究史をめぐる問題点―」(『仏教史学研究』一八―一　一九七六)
福岡猛志「行基研究史ノート　―行基論の基本構造を巡って―」(『日本福祉大学研究紀要』三六　一九七八)

以上三論考が七〇年代に発表された。真中氏は行基論における没政治史的認識を批判し、「行基研究に政治史的視角の導入が図られねばならない」との観点から戦後の主要行基研究を検討評価し、最終的に米田雄介氏の論考(15)を「行基的(民衆救済の)イデオロギーが国家政策の中で再編成されて民衆支配のイデオロギーとして利用されてゆく」点を天平から平安にかけて指摘したものであり、行基研究の到達点であると評価した。中川氏は行基研究者が意識的に論じてきた行基の「転向」問題(16)を解くためにも、行基がいかに主体形成をしたかを明らかにすることが肝要であるとの観点から主要論考の論理構造を分析しながら批判を加えた。福岡猛志氏は行基の主体形成もさることながら、行基に追従した民衆が何を求め、どう変わったのか、民衆の側の主体形成と行基の活動との関係を明らかにする必要があるとの問題意識から、研究の成果と課題を明らかにしている。

三氏が行基研究に要求される点はそれぞれ異なるが、行基がなぜあのような大規模な仏教活動を展開しえたのか、その理由の究明が必要であるという点は共通の課題として指摘されているところである。七〇年代以後も行基の活動の原点となった思想上の問題についてはいくつかの論考が出されているが詳しくは次章でとりあげたい。筆者もまた行基集団の活動の原動力、彼等を動かした仏教思想について関心をもって行基の研究を学んできたが、従来の行基研究においては、行基の思想が仏教者行基の人生上の懐疑・煩悶といった個人的なレベルで考えられ、大乗仏教の福田思想との対応でその実践が説明されることが多い。そうした中で、近年行基の思想を歴史的な必然性をもったものとして考察された志水正司氏の論考が注目される。[17] 志水氏は『続日本紀』の行基伝が早い時期に学んだとして記す「瑜伽唯識論」とりわけ『瑜伽師地論』が玄奘仏教にもった意義に注目し、『瑜伽論』が玄奘から道昭へ、道昭から行基へと継承されていることを検証した。筆者もこの観点を支持し、『年譜』「年代記」が記す道場の建設と展開、弟子集団の形成に『瑜伽師地論』が与えた影響を具体的に検証してゆく必要があると考えた。

その際同時に大乗思想がどのように自覚的に受容されたのかという点に留意することも重視したい。大乗思想の生命は出家者が修行によって自ら悟りの境地である菩提を求めると同時に、衆生をも仏教的に救済するという自利利他の菩薩行を説くところにある。ところが日本の古代国家は先述したように「僧尼令」により、寺院を出て私道場を構え民衆教化を行う大乗菩薩僧としての実践を禁じていた。行基集団の思想を問題とするとき、国家の法よりも、大乗仏典が語る菩薩行の実践の重要さが勝るとする大乗思想の自覚的・主体的な受容が背景にあったと考えられるが、こうした思想がこの時期に飛躍的に弘まってゆく歴史的な契機はどこにあったのか考察したいと思う。

従来の行基研究でもう一つ大きな疑問と感じてきたことは、行基があまりに個人として論じられすぎてきたことである。行基カリスマ説は根強い。確かに行基は傑出した僧であったことは間違いないであろう。しかしカリスマ説は行基の仏教実践を時にその一語で片付ける役割を果たしてきたことも否めない。カリスマ性の実態解明は古代仏教史を解いてゆく上でも重要なことであろう。その意味で行基の仏教実践の中で、弟子が果たした役割がもっと追究されてよいと思う。行基の弟子の実態、道場運営や土木事業を計画遂行する上で弟子が果たした役割、行基のもとへ結集していった弟子たちの思想が明らかにされる必要がある。延暦十六（七九七）年に撰進された『続日本紀』天平勝宝元年二月丁酉条の行基薨伝（以下、行基伝）には「弟子相継、皆守㆓遺法㆒、至㆑今住持焉。」とある。没後約五十年にして四十九院の大半は弟子により活動が継承されている。これを長いと見るか、短いと見るか見解が分かれるかも知れないが、各所で在地に根を下ろした活動が継続されるためには道場を運営する弟子等に遺法を守る意義が十分認識されていなければならないであろう。土塔で八世紀の後半に補修を行った際の文字瓦が発見されているのもその一例といえるであろう。こうした意味で、行基個人の問題としてでなく行基と弟子らの問題として仏教思想を問い、彼等がどのように布教活動を展開したのか、「年代記」に即しながら思想と実践の関連性をより具体的に明らかにすることを課題としたい。

行基研究はすでに膨大な積み重ねがあり、論じ尽くされた感があるが、行基と弟子等の思想に焦点を当て、仏教活動を担った僧尼達を通して大乗仏教自覚史の萌芽期を具体的に明らかにすることを本論考の課題とした。

第一章では本論考の主題である思想と弟子に関する研究史をたどり、残された課題がどこにあるかを明らかにした。

第二章では『続日本紀』行基伝が記す「読二瑜伽唯識論一、即了二其意一。」について瑜伽唯識論の日本伝来の歴史的経緯、行基の実践との必然性、関連性を検討した。

第三章では行基等の仏教運動の最大の特徴である「道場」について、この仏教施設が古代仏教史上に登場するのはいつ頃か、道場が重視される理由、行基が道場を各地に建設した意味を考察した。

第四章では四十九院が行基の「弟子」らによって運営されたことを想定し、その「弟子」の実態を検討した。

また行基の活動を通観するとき各院の担った役割が時期や場所により相違するのではないかと推測し、その点を検討した。

第五章では行基の弟子組織を知る上で貴重な史料である「大僧正記」の史料性を検討し、行基の「弟子」には師位・半位をもつ学識・戒行・徳行兼備の官僧群が存在し、組織性をもった指導体制が形成されていったことを考察した。

第六章では行基が大仏勧進を行ったことをめぐって行基の立場が「転向」したかどうかが研究史上で論点になってきたことを踏まえ、大乗仏教が王権に自覚的に受容されるのが大仏建立を契機としていること、そこに行基が参加する動機があったのではないかということを行基の思想上の問題から考察した。

注

（1）上川通夫「ヤマト国家時代の仏教」（『古代文化』第四六巻第四号　一九九四）、「律令国家形成期の仏教」（『仏教史学研究』第三七巻第二号　一九九四）

（2）中井真孝『日本古代の仏教と民衆』（評論社　一九七三）、近年では吉田一彦『古代仏教をよみなおす』（吉川弘文館　二〇〇六）

（3）平川彰・梶山雄一・高崎直道編　講座　大乗仏教1『大乗仏教とは何か』（春秋社　一九八一）

（4）横超慧日「中国仏教に於ける大乗思想の興起」（『中国仏教の研究』一　法蔵館　一九五八）、鎌田茂雄「慧遠の仏教思想―『大乗大義章』をめぐって―」（『中国仏教史』第二巻　受容期の仏教　東京大学出版会　一九八三）

（5）『続日本紀』養老四（七二〇）年十二月癸卯条「詔曰。釈典之道、教在二甚深一。転経唱礼、先伝二恒規一。理合二遵承一、不レ須二輙改一。比者。或僧尼自出二方法一、妄作二別音一、遂使二後生之輩、積習成レ俗。不二肯変正一、恐汚二法門一、従レ是始乎。宜下依二漢沙門道栄・学問僧勝暁等一、転経唱礼、余音並停上レ之。」僧尼の公験に経典の内容理解が要求されるのは延暦廿五年正月廿六日太政官符（『類聚三代格』）である。

（6）加藤周一「日本文学の特徴について」（『日本文学史序説』上　筑摩書房　一九七五）は外来の世界観の第一に「大乗仏教とその哲学」を挙げている。

（7）堺市教育委員会『史跡　土塔―文字瓦聚成―』（二〇〇四）、堺市教育委員会『史跡　土塔―遺構編―』（二〇〇七）

（8）栄原永遠男「大野寺の土塔の知識」（和泉市教育委員会編『和泉市史紀要』一一　二〇〇六）

（9）岩宮未地子「文字瓦の分析と考察」（『史跡土塔―文字瓦聚成―』堺市教育委員会　二〇〇四）「大僧正記」については第五章で検討する。

(10) 井上光貞「行基年譜、特に天平十三年記の研究」(竹内理三博士還暦記念会編『律令国家と貴族社会』吉川弘文館　一九六九、日本名僧論集第一巻『行基　鑑真』(吉川弘文館　一九八三))

(11) 米田雄介「行基と古代仏教政策」(『歴史学研究』三七四　一九七一　日本名僧論集第一巻『行基　鑑真』(吉川弘文館　一九八三))、栄原永遠男「行基と三世一身法」(赤松俊秀教授退官記念事業会　一九七二、日本名僧論集第一巻『行基　鑑真』(吉川弘文館　一九八三))は、井上光貞氏が加えた『行基年譜』に対する史料批判を発展させた上で行基の社会事業と三世一身法との関連性を論じている。

(12)『続日本紀』天平勝宝元年(七四九)二月丁酉条、『令集解』僧尼令・非寺院条「古記」

(13) 石母田正「国家と行基と人民」(『日本古代国家論』第一部　岩波書店　一九七三)

(14) 小山田和夫「行基関係研究文献目録」(月刊『政治経済学史』第一三三号　一九七七)は戦前戦後の行基関係文献を網羅的に収集している。井上薫編『行基事典』(国書刊行会　一九九七)はテーマ別に編纂時までの関連研究文献を収集している。

(15) 米田雄介　前掲注(11)

(16)『続日本紀』養老元年(七一七)四月壬辰条の詔で行基とその弟子等は数々の僧尼令違反の行為により糺弾されたが、天平十五年(七四三)十月乙酉条では弟子を率いて大仏勧進の任に当たり、同十七年正月己卯条では大僧正に任じられた。この事実に対して北山茂夫氏は追従した民衆を裏切った行基の「転向」であると指摘された(「行基論」『東方』一二号　一九四九、日本名僧論集第一巻『行基　鑑真』(吉川弘文館　一九八三)、「天平文化」(岩波講座『日本歴史』古代3　一九六二))。井上薫氏は「行基の立場が根本的に変わったのではなく、変わったのは政治・社会の情勢や、官の行基観である」(「紫香楽の大仏造営」『行基』吉川弘文館　一九五九)との見解を示された。行基「転向」の問題は以後特に行基の主体性を論じる際に避けて通れぬバロメーターと意識されるようになった。

(17) 志水正司「「瑜伽師地論」検証」(『日本古代史の検証』東京堂出版　一九九四)

第一章　研究史

はじめに

行基の研究が布教の対象である民衆の存在をも視野に入れて本格的に始まったのは戦後といってよいと思うが、その蓄積は膨大である。ここでは本論考の課題とした行基集団の活動の原動力となった思想の問題、第二に行基集団の中でも弟子と呼ばれている集団の構成やその実態を追った研究の二つに絞って研究史を整理し課題を明らかにしたい。

第一節　行基仏教の思想的背景

瑜伽唯識論と行基

行基の活動の背後に教義を想定し最初にそれを指摘したのは野村忠夫氏である。(1) 氏は『続日本紀』行基伝にいう「初出家、読二瑜伽唯識論一、即了二其意一」に注目して、行基の社会事業と瑜伽論・大乗法相の根本である唯識論との関係を指摘し、この唯識論は玄奘から道昭へ、道昭から行基へと伝わった教団形成以前の法相大乗であると指摘した。民間に入った行基は班田農民の間にある土俗宗教との結合によって現世利益の呪術的力で民衆に影響を与える一方で、豪族層には新しい仏教によって自己の精神的支柱を与えたことも指摘した。天平三（七三一）年の行基の優婆塞優婆夷に一部入道許可した条件の「如法修行者」は行基弟子が僧尼令的修行を励行したことからであるとの指摘もある。野村氏が行基の実践に瑜伽唯識論の影響を見、そこに玄奘から道昭へ、道昭から行基へと思想的系譜を指摘されたことは次の井上薫氏に引き継がれる注目すべき指摘である。

井上薫氏は瑜伽唯識論中の『瑜伽師地論』が無量の衆生を教化し苦を寂滅する仏典ということを強調し、『唯識論』では小乗戒と対照的な大乗戒にいう菩薩的行動が重んぜられ、この教えが行基の民間活動に具体化しているとした。(2) 井上氏は唯識を行基の主体形成にかかわる思想としてとらえ、行基の仏教活動との内的連関を指摘した点が注目される。

『瑜伽師地論』と行基の活動の関係を必然的なものとして積極的に考察したのが二葉憲香氏である。(3) 氏は『瑜伽師地論』中の「瑜伽戒」と行基の実践との関連性に注目した。行基建立の道場が僧院と尼院に分かれていることは行基の戒律遵守の現れで「瑜伽戒」の影響が認められる。さらに「瑜伽戒」には暴悪の官吏が諸有情を圧政で苦しめるときには菩薩は憐愍を以て衆生の利益安楽のため力を尽くすべしとあり、この類は瑜伽戒の各所で説かれている。行基はこうした教説によって当時の律令制下で苦しむ民衆のために国家に批判的立場から利他行を行ったと考察している。二葉氏によって、瑜伽唯識とりわけ『瑜伽論』「菩薩地」中の瑜伽戒の教説が行基の主体形成と大乗菩薩行の実践活動に不可欠な思想として位置付けられることになった。二葉氏は一貫して仏教思想をどのように受容するかを重視し、古代国家の仏教受容は伝統的な民族宗教の延長上に現世利益の呪術的効験力を期待したものであると規定しこれを律令仏教と名付けた。対する行基の仏教受容は自我執着を断ち、自己否定の出家性にたって衆生救済に徹したもので、これを反律令仏教と名付け両者の仏教的立場の違いを鮮明にし、『瑜伽論』瑜伽戒が行基の思想的根拠となったとした。

二葉氏は瑜伽唯識論は行基に内面化され、出家者としての主体形成に決定的な役割を果したという思想受容のあり方を強調し、国家仏教が現世利益のための呪力を期待して受容したことと対置した。このことは、日本古代に仏教思想がどのように受容されていったかを鮮明にする問題提起として、思想史研究の上で重要な提起であったと思う。しかし問題はいくつか残されている。第一に「瑜伽戒」は『瑜伽論』「菩薩地」十六巻の一品である。菩薩行を多面的に説く他の巻々と行基等の実践との関係についても検討の必要があると思われる。また『瑜伽師地論』が行基に受容されるにいたった歴史的経緯についても研究の余地が残されている。第二に、二葉氏は行基集団を行基と圧政に苦しみ行基に追従する下層民衆の私度僧という構図で捉えており、豪族や知識層の積極的な関与を問題としていない。各地に分散する四十九院の運営や、大規模土木事業を完遂するためには、大組織を動かす人的な構成やそれぞれの役割などへの考察が必要となってくる。行基とそれに追従する役民や班田農民という行基集団のイメージは六〇年代の行基研究に共通した特徴であったともいえるが、この段階では行基集団の構成についての視点は大きな問題となっていない。四十九院の役割や運営した組織と指導層を明らかにする課題が思想追究の上からも浮かび上がってくる。

三階教と行基

二葉氏が行基を論じる上で行った『行基年譜』の史料批判をさらに徹底させ厳密な実証を加えたのは井上光貞氏である。氏は『行基年譜』の中で史料として使用に耐えるのは当時の公文書の書式に則った郡郷名で所在地を記す「天平十三年記」という史料のみであると論証した。[4]「天平十三年記」は行基の活動の中で「社会事業」と呼ばれている土木事業の種類と建設場所を記した史料である。井上氏はこの史料の分析から行基の事業が大規模なスケールで総合的かつ相互に関連性をもって行われ、仏教が普通にいう弱者の慈善救済といったレベルをはるかに超えて畿内先進地帯の交通と生産の開発事業であると指摘した。井上氏はそうした事業の思想的背景として三階教の影響も推測可能であると言及した。行基を糺弾した語のなかに「妄説罪福」があり、『令集解』古記はこれを「梵天経辞」と解説している。梵天経は梵天王経のことで、これは三階教の偽経であろうとの考察から行基に結び付けた。また道昭の入唐時期が唐で三階教の盛行の時期であったこと、道昭と行基の影響関係から行基の実践に三階教の可能性を推測しているが、一方で疑点があるとの慎重な発言となっている。

行基の事業に豪族層の参加を想定し、その教化が豪族層の生産活動への意欲をかきたてる現実的実践倫理の形成に大きな影響を与えたであろうと指摘したのは長山泰孝氏である。[5]氏は行基の教化活動の中でも「罪福の因果」を説いたというところに着目し、『霊異記』の諸例からそれが現世利益と結び付いた善因善報だったと推測し、この因果説が当時生産活動に意欲を持っていた豪族層を捉えたと考察した。二葉氏が活動主体である行基の思想を論じたのに対して、長山氏は教化の対象者に内面化された思想や倫理観を問題にした。しかも長山氏はそうした行基の説く教説を実現可能なものとして受容したのは一般民衆よりも当時開発や生産の向上に現実的力をもっていた豪族層であったとし、豪族の存在と教化内容との関係を追究し、行基集団の実態解明に迫っている。さらに長山氏は事業を達成するための組織のありかたに考察を進め、機能面から行基集団の組織性を推測した。氏の研究は行基の依拠した仏教上の教義を捨象したところから出発しているので、「罪福の因果」も『霊異記』からの推測にとどまり、行基の教化活動も豪族の「宗教的激情」を鼓舞したという抽象的な指摘にとどまっているところがあり、行基集団の仏教思想と豪族層の倫理形成の因果関係を具体的に明らかにするという点では課題を残したといってよいであろう。

井上光貞氏が指摘した行基三階教説を継承し、三階教の研究を深めて行基の依拠した思想の中心に据えたのは吉田靖雄氏である。吉田氏は行基が山林修行に懐疑し、巷の民衆生活に入り、大規模仏教事業を実践したのは山林修行を否定する三階教の教説によるとした(6)。三階教によって目ざめた行基は自己の生き方を定め生駒から平城京に出て布教を始めたとし、以後の行基の指針となったのは三階教とともに、『摩訶僧祇律』『四分律』『雑阿含経』『増一阿含経』『菩薩行五十縁身経』『六十華厳経』『諸徳福田経』等大小乗経典に説く福田思想であるとして、それらと行基の事跡との対応関係を具体的に指摘した。実際には行基はこれらの福田行を『高僧伝』『続高僧伝』に載る中国の高僧の伝記により得て実践指針としたと考察した。

吉田氏は綿密な研究史と実証を踏まえた行基研究を発表しており(7)、氏の行基三階教説は、以後の行基研究に大きな影響を与えている。三階教は隋の信行が起こした民衆救済の実践運動で、強烈な末法意識に根ざしている。乞食、持戒、座禅といった実践の特徴は行基の活動と重なる部分が多いが、素朴な疑問を記しておきたい。大乗思想は氏も力説しているように菩薩行の実践を使命としており、必然的に衆生のもとに赴かなければならない。

行基の山林生活は巷に降りるための修行と学修の沈潜の時期、やがては巷に出る準備期間と見れば三階教の力を借りなくても瑜伽唯識の説く大乗菩薩思想とその実践方法の教説によってやがて民衆の中へ入ってゆくのは時間の問題だと考えられるのではないだろうか。また唯識は高踏的教義であるとし、学問僧たることに懐疑した行基が三階教の説く山林を下り巷に出よとする教えに覚醒したとするが、唯識にもいろいろな仏典があり、後述するように『瑜伽師地論』「菩薩地」は菩薩行を極めて具体的に説く実践論書ともいえる。この点からも一切の行基関連史料に痕跡のない三階教を依拠思想とすることにはおおきな疑問が残る。

　瑜伽唯識は抽象的観念論で具体的実践的ではないとして行基の実践には大乗諸経の説く福田思想があるとする点で中井真孝氏も同じ立場を取った(8)。中井氏は『大智度論』『諸徳福田経』『梵網経』等に説く福田思想こそ道昭や行基の土木・社会事業の思想的基盤であるとの見解を示している。しかし瑜伽唯識が抽象的観念的とするのは唯識の経典にもより、『瑜伽論』「菩薩地」は瑜伽行派の実践の中で集成されたもので、むしろ菩薩行のマニュアル書ともいえる具体的指針を含んでいる。「『瑜伽論』は大乗菩薩行の実践を詳説するテキスト」と中井氏自身の解説にもあり(9)、筆者もそのように理解している。行基は『瑜伽論』に学んで菩薩行を実践したゆえに「初出家、読㆓瑜伽唯識論㆒、即了㆓其意㆒」と『続日本紀』に書かれたととる方が妥当性が高いのではないだろうか。

「『瑜伽師地論』と行基」の再検証

　行基の思想的背景は吉田・中井両氏の説が通説となって、以後思想問題での研究はしばらく見られなくなった。また、行基の実践の背景に三階教の影響を見る説は通説化している。そこには瑜伽唯識即ち法相宗であり、中国での法相宗の成立は道昭の帰国後のことであるとする古代仏教史に対する認識も関係していると思われる。[10]しかし近年志水正司氏が道昭・行基の実践の背後に『瑜伽論』があることを指摘する論考を発表した。[11]氏は天平期に僧綱職にあった法隆寺僧行信の願経の一部である『瑜伽師地論』巻六十六との出会いをきっかけに、『瑜伽論』の日本への将来を検証した。『瑜伽論』は玄奘のインド遊学の目的であり、帰国後の訳経事業の中でも特別の意味をもち太宗も称賛した。『瑜伽論』はその他の諸経とともに道昭が日本に将来し、禅院に所蔵され、天平期には著者弥勒菩薩への信仰を伴って盛んに書写された。その「菩薩地」は大乗利他の菩薩行を説き行基の事業もここから出ている。以上が志水氏の論の骨子である。志水氏は玄奘の求法が『瑜伽論』にあり、帰国後の玄奘仏教にとっても『瑜伽論』が特別の意味をもっていたことを指摘し、玄奘に殊遇された道昭が学んだ玄奘仏教も瑜伽唯識であろうとして、唯識の日本伝来の歴史的必然性を指摘した。志水氏は道昭により将来された『瑜伽論』が天平期にしばしば写経された史料をあげ、天平二年の『瑜伽論』巻二十六を書写した和泉監知識経は行基の知識とみられていること、行基の仏教実践が『瑜伽論』の説く菩薩行であることを検証した。

以上を振り返ると志水氏の研究によって道昭・行基の思想的背景である『瑜伽論』伝来の歴史的経緯と必然性が明らかにされ、行基の主体形成上『瑜伽論』の与えた影響を指摘した野村忠夫氏、井上薫氏や二葉憲香氏の研究の意義が再浮上したことになる。こうした観点から『瑜伽論』が長山氏の指摘されたような教化を受ける側の主体にどう働きかける力を持っていたのか、さらには多くの民衆にとってはどういう点が魅力になり得たのかをさらに具体的に追究し、行基の実践と『瑜伽論』の内的関連を二〇〇〇年代の考古学的知見にも依拠しながら検討することを本論考の課題としたい。

第二節　行基集団とその指導層

行基を支持した豪族や下級官人

行基の事業は膨大で、国家もよくなしえないことを敢行し、当時から刮目されてきた。この事業はどのようにして可能であったのだろうか。行基研究では長くカリスマ的行基が追従する一般民衆を指導して空前絶後といってもよい一大仏教事業を展開したとの意識的、無意識的理解を前提とした論考が多い[12]。しかし、交通・情報伝達の古代的状況を考えるならば、畿内各地に散在する最終的には四十九もの諸道場とそれに付随する交通・潅漑施設の運営を行基一人が指導したとするのは現実的ではないであろう。行基は教義の本質的理解、それを現実に即して実践する独創性、弟子を含めて人々から畏敬される求心力をもっていたという点ではたしかに天才的であったことが推測される。しかし一大事業の運営や多くの優婆塞・優婆夷つまり「如法修行」者養成には行基に近い仏教的力量をもった多くの人材が行基の周囲にいたことを予測させる。この点を明らかにする意味で研究史を振り返ってみたい。

行基の集団、つまり知識と称した同信同行の集団の構成については早くから豪族層の参加が指摘されてきた。前述の井上薫氏[13]、「社会事業」活動を重視した井上光貞氏[14]、長山泰孝氏[15]、栄原永遠男氏[16]等の論考では三世一身法の施行と行基の潅漑施設築造を中心とした農地開発との関連を論じて、開発に意欲をもち、経済的支援の力をもった豪族層を重視している。またそのことを、行基知識であった可能性の高い大鳥郡大領日下部首名麻呂や和泉郡大領血沼縣主倭麻呂らの史料から証明している。豪族層の存在は考古学の分野からも土塔文字瓦の分析により早くは森浩一氏[17]、近年では岩宮未地子氏[18]から指摘がなされ決定的になっている。

集団の構成に関しては農業生産主体の豪族と民衆とするのが七〇年代までの主流であったが、勝浦令子氏は行基の支持母胎である民衆像を具体的に明らかにする観点から、平城京での行基の教化活動を支持した階層に渡来系の下級官人とその家族がいたことを実証した[19]。右京三条三坊の住人寺史乙丸が居宅を行基に施与して菅原寺が建立されたが、勝浦氏は計帳手実から三条三坊の住人等を追跡し、官人層の支持を明らかにした。また女性の参加についても力婦貢進や京内婦女の力役負担と優婆夷の得度年齢制限の関係を考察し、そうした女性層の支持を京内の女性の状況から裏付けた。在地の農業共同体の桎梏のもとにあった民衆ではない、都市居住の下級官人層を実証により明らかにした点が重要な提起と思う。

行基と技術者集団

和泉地方の渡来系技術者集団が行基を支持したことは早く石母田正氏が指摘していたが[20]、田村圓澄氏も行基と陶邑・須恵器工人集団の関係、また土師氏との関係を指摘した[21]。この点を継承しその具体像を明らかにする論考が八〇年代の終わりに井山温子氏によって発表されている[22]。井山氏は和泉陶邑の須恵器生産に携わる工人、管掌氏族が初期行基集団の中心にあったことを土塔人名瓦中に陶邑の須恵器工人による瓦が存在すること、人名瓦には陶邑の須恵器生産管掌氏族名が何人も見られることから論証した。

さらに九〇年代の終わりに北條勝貴氏は技術者集団が行基支持集団の主要な位置を占めることを考察している。[23] 氏は平城京役民中の匠丁に始まり、陶邑の須恵器工人集団、古墳築造以来土木技術に長けた土師氏、為奈野の木工技術者集団猪名部氏、山背葛野・深草地域の農耕開発を大規模に行い、摂津為奈野から豊嶋・河辺にかけても勢力をもっていた秦氏等が行基を支持し、各地で行基集団が諸施設を建設する上で大きな役割を果たしたことを論証した。

須恵器工人集団、土師氏、秦氏がもつそれぞれの土木技術と行基事業の関係はすでに吉田靖雄氏が詳細な検証を行っているが、[24] 北條氏が「行基と技術者集団」という観点からそれらを総括的に論じることで技術者集団とその管掌氏族が行基集団の中で主要な位置を占めることを明らかにしたことは研究史の上でも新たな発展といえると思う。ただ技術者集団との関係成立が産業や氏族としての存続に動揺をきたしていたことが契機と指摘しているが、必ずしもそうした契機を推測することは難しい。[25] 行基との関係も地縁・族縁的な契機はもちろんであるが、行基等の教義との関係はどうであろうか。そうした点が今後の課題として残ったと思う。

考古学上の発掘成果は同時代史料としての決定的性格をもっている。一九九〇年の山城国府跡の発掘調査報告、一九九八年～二〇〇六年に行われた土塔の全面的な発掘調査の報告によって行基研究に新たな局面を開く貴重な史料の集成が行われた。[26] またその成果を活かした行基集団についての考察も発表されている。[27] それらの論考で示された、僧尼や姓を持つ豪族の存在、名のみの民衆の存在は従来説を補強するとともに、序章で述べたように希少な行基史料の信憑性を証することともなった。

弟子僧尼の存在

以上のように行基を支持する集団の解明は進んだが、ではその知識を率い各種事業を指導し、教化の中で優婆塞・優婆夷を得度させるまでに育てたのはどのような人々であったのだろうか。

行基集団に豪族出身の僧尼がいたことをいち早く指摘したのは北山茂夫氏であった(28)。氏は行基の運動の内部に道場でとぐろをまく上層豪族出身の僧尼と、一般農民大衆、その出身である乞食坊主とがいた。天平三年に行基集団で修行する一部優婆塞・優婆夷に得度を容認したことは両者の間に距離をつくり、朝廷はその分裂により民衆の宗教運動を無力化しようと企んだとの認識を示した。北山氏の説では集団の上層にいた僧尼が行基に従った契機や役割が問題とされていない。天平三年前後から活発化する行基の道場建立と土木事業が分裂の中で行われたとするのは現実的ではないと思う。氏の論考の中心は律令体制下の農民がいかに搾取され、困窮状態にあり、そこからの脱出を願望して行基の運動に結びついたかということを当時の政治・社会状況から力説することにあったため、官僧尼の存在の意味が問われずに終わったと思う。

行基集団を組織性の観点から問題にしたのは長山泰孝氏である(29)。氏は行基集団が総合的な農業施設を建設する場合その実行にあたって計画の立案者、それを受けた事務担当者や技術指導者、その指導を受ける技術労働者や非技術労働者といった系統的な組織体制が存在したことを推測している。また和泉監知識経を例に奥跋に見える優婆塞練信や大領日下部首名麻呂等が寺の管理に当たる立場、「知識七百九人」と記されるのは寺居住の私度僧と周辺の在家信者であると分析し、この構成は行基道場一般に見られるものとも推測した。行基集団の組織性を指摘した論考として注目される。しかし氏の論考では、第一節でも見たように行基集団を支えた在家の豪族集団に専ら焦点が当てられており、僧尼の存在が重要なものとして位置付けられていない。これも氏が捨象した行基集団の思想、教義の問題と深く関わることであったといえよう。

同じ頃、栄原永遠男氏が行基集団の中で「朋党」と呼ばれた行基に従う「弟子」の存在に注目した。[30]氏はこの弟子を行基に従う優婆塞優婆夷と『大僧正舎利瓶記』に「弟子僧景静」と記されているような「弟子僧」から構成されていると見、朋党の中核となっているのは後者であるとの見解を示した。またこの優婆塞優婆夷もやがて得度を許されてゆくことから見て得度条件にかなう『法華経』や『最勝王経』を読誦しうる知的階層出身者とした。仏教運動の指導層として得度した僧尼の存在を中核に置いたことは長山氏の組織性の指摘をさらに具体的にしたものとして貴重な指摘である。問題はこの朋党がいつ頃何を契機として結成されていったかということではないだろうか。この点は行基の運動の独自性を社会事業の潅漑施設建設に見、道場設置のもった独自性、道場が拠点となっていることの重要性への観点を評価しなかったこととも関連するものと思う。

同じく行基集団での弟子僧の重要性を指摘しているのが石村喜英氏である。[31]氏の論考は行基の弟子養成という観点から弟子の存在に注目しているところが特徴的である。氏は『続日本紀』宝亀三（七七二）年に十禅師が任命された中に行基弟子四人が戒行・禅行に秀でた僧として選ばれていることから、これは行基の運動の一面が顕示されたできごとと評価した。行基弟子の法義以下二十名について史料からその事蹟を検証し、行基の弟子養成は教学の研鑽のみでなく、実践面を重視し、戒行や徳化を行わしめて、自己修練と済世利民の菩薩道を歩ましめたと論じた。氏の論証には従来積み重ねられてきた史料批判が活かされていないこと等に問題があるが、行基の仏教活動を教化と見、教化によって多くの弟子僧を養成したという観点、その指導層としての高弟を指摘された点、行基が自集団の中で菩薩行実践者を養成し、仏教運動の拡大再生産を企図したことを提起された点は行基の弟子を考察する上で貴重な指摘であったと思う。

行基集団の組織性を最も如実に示す史料が「大僧正記」である。弟子集団の階層的な区分と各集団毎の指導僧の存在、指導者の僧位・出身氏族、中には所属寺院まで記録する一級の史料である。日下無倫氏によって公開されたものであるが史料の信憑性に疑念を残していた。土塔文字瓦の発見によってほぼ同時代に近い史料であることが証明された。[32]「大僧正記」についての考察は第五章に譲るが、これにより行基の指導層には師位・半位をもつ官大寺の僧の存在が明らかにされている。彼等が何時ごろ行基によって組織されるにいたり、「僧尼令」違反を承知の上で民間への布教活動をはじめたのかということを明らかにすることは古代仏教史上の問題としても重要であると思う。

おわりに

以上研究史を概観すると、行基集団についてその構成が分析的に考察され蓄積されてきたことにより、行基に追従した民衆、信仰を支持し経済的支援をした豪族層や下級官吏、また技術者集団の存在に加えて、行基集団を指導した高位の官僧尼の存在が明らかになってきた。こうした官僧尼と行基の結びつきは何を契機としていつ頃からはじまったのであろうか。国法を犯しても大乗菩薩行を実践するに到る思想はどのように彼等に受容されたのであろうか。行基の運動は天平期以降の民間仏教の盛行からみるとその黎明期にあたる。その意味で、前述の問題を明らかにすることは、日本古代仏教史において僧尼が大乗思想を自覚的に受容し実践するにいたる過程を明らかにすることと重なるであろう。この点を視野に置いて本論考を考察したいと思う。

注

(1) 野村忠夫「行基」(『日本歴史』第五六号　一九五三、日本名僧論集第一巻『行基　鑑真』(吉川弘文館　一九八三))

(2) 井上薫「弾圧とその後」(『行基』吉川弘文館　一九五九)

(3) 二葉憲香「行基の生涯と反律令仏教の成立」(『南都仏教』第九号　一九六一、『古代仏教思想史研究―日本古代における律令仏教及び反律令仏教の研究―』永田文昌堂　一九六二)

(4) 井上光貞「行基年譜、特に天平十三年記の研究」(竹内理三博士還暦記念会編『律令国家と貴族社会』吉川弘文館　一九六九、日本名僧論集第一巻『行基　鑑真』(吉川弘文館　一九八三))

(5) 長山泰孝「行基の布教と豪族」(大阪大学教養部　人文・社会科学『研究集録』第一九輯　一九七一、『律令負担体系の研究』塙書房　一九七五)

(6) 吉田靖雄「行基の思想基盤について」(『ヒストリア』第九七号　一九八二)

(7) 吉田靖雄『行基と律令国家』(吉川弘文館　一九八七)

(8) 中井真孝「《知識仏教》と行基」(『行基と古代仏教』永田文昌堂　一九九一)原題「道昭・行基とその集団」『鎮護

国家と呪術』〈図説・日本仏教の世界〉二巻　一九八九）
（9）中井真孝「民衆仏教の群像」（『日本古代の仏教と民衆』評論社　一九七三）
（10）田村圓澄『飛鳥・白鳳仏教史』下（吉川弘文館　一九九四）
（11）志水正司「「瑜伽師地論」検証」（『日本古代史の検証』東京堂出版　一九九四）
（12）井上光貞　前掲注（4）「行基という一民間僧の手によって、かくも大規模な、交通と開発とが畿内には展開していたのである」は代表例であるが、二葉憲香　前掲注（3）、石母田正「国家と行基と人民」（『日本古代国家論』第一部　岩波書店　一九七三）、中井真孝　前掲注（8）等の論考も行基カリスマ論である。また平城京役民や行路民の私度僧を初期行基集団とする田村圓澄「行基と平城京造営」（『史淵』第一一二輯　一九七五、『日本仏教史』2　法蔵館　一九八三）、北條勝貴「行基と技術者集団」（『行基事典』国書刊行会　一九九七）等の論考も指導層の僧尼を想定しない点でこの系譜と見てよい。ただしこれらの先学が行基の活動を支持した層として豪族の存在の重要性を認めている点はほぼ共通している。
（13）井上薫　前掲注（2）
（14）井上光貞　前掲注（4）
（15）長山泰孝　前掲注（5）
（16）栄原永遠男「行基と三世一身法」（赤松俊秀教授退官記念『国史論集』一九七二、日本名僧論集第一巻『行基　鑑真』（吉川弘文館　一九八三））
（17）森浩一「大野寺の土塔と人名瓦について」（『文化史学』第一三号　一九五七）
（18）岩宮未地子「文字瓦の分析と考察」（『史跡土塔―文字瓦聚成―』堺市教育委員会　二〇〇四）
（19）勝浦令子「行基の活動における民衆参加の特質―都市住民と女性の参加をめぐって―」（『史学雑誌』第九一編第

三号　一九八二、『日本古代の僧尼と社会』（吉川弘文館　二〇〇〇）

（20）石母田正　前掲注（12）

（21）田村圓澄　前掲注（12）

（22）井山温子「和泉地方における行基集団の形成―とくに須恵器生産者との関連から」（『史泉』第六六号　一九八七）

（23）北條勝貴　前掲注（12）

（24）吉田靖雄　前掲注（7）

（25）吉田靖雄　前掲注（7）でも陶邑の須恵器産業の衰退が行基と須恵器集団との関係の契機としているが、その後の陶邑窯跡群の調査結果では陶邑が産業の衰退期に入るのは八世紀後半とされている（中村浩「陶邑窯の発展」（『和泉陶邑窯の歴史的研究』芙蓉書房　二〇〇一）。また北條氏自身の論考の中でも秦氏については動揺の兆候は見られないのではないだろうか。

（26）『山城国府跡の発掘　山城国府跡第20次発掘調査―大山崎町埋蔵文化財調査報告書第7集』一九九〇、『史跡　土塔―文字瓦聚成―』（堺市教育委員会　二〇〇四）、『史跡　土塔―遺構編―』（堺市教育委員会　二〇〇七）

（27）清水みき「行基集団と山崎院の造作―人名文字瓦の検討より―」（『続日本紀の時代』塙書房　一九九四）、岩宮未地子　前掲注（18）、近藤康司『行基と知識集団の考古学』（清文堂出版　二〇一四）

（28）北山茂夫「行基論」（『東方』第一二号　一九四九、日本名僧論集第一巻『行基　鑑真』（吉川弘文館　一九八三））

（29）長山泰孝　前掲注（5）

（30）栄原永遠男　前掲注（16）

（31）石村喜英「行基の弟子列伝と一・二の問題」（櫛田良洪博士頌寿記念会編『高僧伝の研究』山喜房仏書林　一九七三）

（32）岩宮未地子　前掲注（18）

第二章　『瑜伽師地論』と行基集団

はじめに

　行基は奈良時代、最も多くの人々に影響を与えた僧といってよいであろう。行基の活動を見るとき、彼の仏教活動が「教化」の一語に集約されると認識していた古代の人々の考え方を受け止めておくことが重要であると思う。同時代ないし没後間もなくの史料が行基の事跡として共通に語るのは「教化」である。[1] 四十九院と呼ばれる道場を畿内各地に建立したことが何よりも雄弁にそれを語る。池・溝等の潅漑施設や橋・津等の交通施設を築いたことも教化の一環であり、教化の一語に収斂する事業であったといえる。奈良時代の前半期に、当時の律令が禁じていた民間への布教[2]を大々的に行った背景には何があったのであろうか。大規模な民間布教へ行基を駆り立てたものは何か。当時の民衆の悲惨な状況が黙視できず、止むに止まれぬ思いから一念発起したのか。または経典の教えに深く共鳴するところがあって実践に赴いたのか。『続日本紀』の行基伝が「道俗慕レ化追従者、動以レ千数」と語る千人もの人々は行基の説く何に惹かれて追従したのだろうか。行基の仏教実践の源泉を明らかにしようとするこのテーマも行基研究者にとって大きな関心事となってきた。筆者が行基について初めにもった疑問もここにあった。

　行基の思想的背景についての研究史をたどると、そこには大きく二つの傾向を読み取ることができる。第一は、行基の実践を行基個人の偉大な人格、そのカリスマ性に求めるものである。山林修行によって獲得した霊異神験により、多くの民衆を惹きつけ動員した呪術者という像が前面に押し出されている。ここでは行基がどのような仏教思想の影響を受けたかはあまり重視されていない。むしろ教化の対象であった古代の民衆の意識が、カリスマ的呪術者を求めたこと、行基は民衆の願望に規制されて偉大な呪術者たらざるを得なかったことが強調されている[3]。行基の実践した数々の偉業を、彼の卓越した呪術力に求める説は近年に至るまで行基論の一方を代表している[4]。この説では、行基個人の資質を決定的なものと見ていること、行基の率いる集団は重い課税にあえぐ民衆であり、行基と彼に追従する民衆という構図が強くイメージされていることが特徴である。

第二は行基の活動に仏教教義が大きな影響を与えたという見地から、その思想的根拠を追究した論考群である。第一の立場と異なり、民衆の意識状況よりも、教化の主体である行基が影響を受けた仏教思想を重視し、明らかにしようとしたものである。『続日本紀』天平勝宝元（七四九）年二月丁酉条の行基伝中にある一文の是非を巡って説が分かれてきた。すなわち「初出家、読二瑜伽唯識論一、即了二其意一也」という一文である。行基が出家したとき、瑜伽唯識論を学びその意を了解したというこの記事は、行基の学んだ教学を伝える唯一の史料である。この瑜伽唯識が行基の実践活動の根本となったとしたのが井上薫氏や二葉憲香氏の行基論である。両氏は瑜伽唯識論の中でも、菩薩行の実践を説いている『瑜伽師地論』（以下『瑜伽論』）を重視し、行基の実践に与えた影響を指摘している[5]。

しかしその後の行基研究では、先述した行基伝の記事に疑問をもち、行基の実践の背景に瑜伽唯識論を見ることに否定的な傾向の論考が多い。この立場は主として瑜伽唯識論即法相宗とし、行基の時代には法相宗が成立していなかったことを根拠の一つとしている。また瑜伽唯識の観念性を指摘し、実践家行基への影響を疑問とし、行基に影響を与えたものは広く大乗諸経典が説く菩薩行の福田思想であるとする。また、隋・唐代中国の民衆仏教に強い影響をもった三階教を重視する説もある。[6] たしかに日本において法相宗を初めとする南都六宗が成立するのは行基の没後とされている。[7] また、後述するが行基が影響を受けたとされる道昭が玄奘に学んだ時点では唐にも法相宗は成立していなかった。[8] しかし瑜伽唯識論を即法相宗と解釈すること、また瑜伽唯識論を観念的と片付ける見解には疑問があり、この点の解明も本論考の課題の一つとしたい。

近年、史料の新たな解読や発掘資料により行基の支持者やその集団構成についての解明が進んだ。畿内の豪族層が行基を支持したことは早くから指摘されてきたが、[9] 行基集団を構成する多くの僧尼、とりわけ官僧尼の存在を無視して行基集団を語ることはできない。[10] しかし行基が畿内豪族や官僧尼になぜ大きな影響を与え得たかということについて、教義の観点から十分に論じられてきたとは言い難い。[11] 民間での教化活動を禁じている国家の膝下で、官大寺の僧等が行基を支持し、行基とともに民衆教化に率先して携わったのはなぜか。このことは改めて背景となる行基の仏教思想の解明を迫っているのではないだろうか。本稿では、この視点から改めて行基伝中の「初出家、読二瑜伽唯識論一、即了二其意一」の真偽について検討を加えたいと思う。

第一節　玄奘のインド求法　―『大乗瑜伽師地論』をもとめて―

玄奘と『瑜伽論』

行基が瑜伽唯識論を学んだと記す『続日本紀』巻第十七は延暦十六（七九七）年に撰進されている。この巻を含む前半二十巻の編纂が進められていた時期は、官が行基に関して比較的正確な情報を入手していた時期と見てよいであろう。[12]またこの時期には南都六宗は成立しており、法相宗と三論宗が勢力を二分して論争していた時期であるから、[13]行基の教学を法相宗とせずにわざわざ「瑜伽唯識論」と記したことは留意すべきことである。

日本に本格的な唯識教学を伝えたのは玄奘に学んだ道昭である。道昭の唯識思想伝来に疑義をもつ説もあるが、[14]玄奘にとって唯識とりわけ『瑜伽論』のもった特別な意味を抜きにして、道昭が日本にもたらしたものを明らかにすることはできない。この点に関してはすでに先学の指摘されているところであるが、[15]行基の実践との具体的関係を明らかにするために、改めて唯識思想とりわけ『瑜伽論』の伝来とその意義を考察してゆきたい。

『続高僧伝』の「京大慈恩寺釈玄奘伝」（以下「玄奘伝」）によれば、玄奘は十一歳で維摩・法華経といった大乗経典を暗誦し、以後各地の高僧を歴訪して当時求められる最高の仏教教学を学んでいる。しかし学ぶ程に疑問は深まり、ついに貞観三（六二九）年、二十九歳の時衆疑を解決するために単身インドへ行くことを決意している。その事情を「玄奘伝」は次のように記す。[16]「若不㆔軽㆑生殉㆑命誓往㆓華胥㆒。何能具覿㆓成言㆒。用通㆓神解㆒。

一覩二明法了義眞文一。要返二東華一傳二揚聖化一。則先賢高勝。豈決二疑於彌勒一。後進鋒穎。寧輟二想於瑜伽一耶。時年二十九也。」もし今、生を惜しんで使命に殉じ華胥（仏教の聖地）に赴かなければ真実を記した仏典を具に見ることはできない。後進の俊英のためにも、弥勒著述の瑜伽論を学び大唐国にもたらすことこそ我が使命である。玄奘渡印の目的は『瑜伽論』の実見実修に定められていたことがわかる。

また、インドのナーランダ寺に至り、老師戒賢からいずこより来たかと問われ「答従二支那國一來、欲レ學二瑜伽等論一。」と遊学の目的が「瑜伽等論」の学習にあると答えている。当時百六歳であったという戒賢は『成唯識論』の著者護法の弟子である[17]。ナーランダ寺は唯識の法灯を伝え、当時戒賢はインドにおける唯識学の最高権威であった。凌山・葱嶺・大雪山を越えて大唐国からはるばる『瑜伽論』を学びに来た若き僧の求めに応じ、戒賢は『瑜伽論』百巻を両三度講義したという。当時ナーランダ寺においては、般若経系の中・百論が優勢であった。玄奘は釈迦の教えの帰するところは一つ、ただ学者があれこれの是非を論じて一方を排斥するのを非として、「会宗論」三千頌を作り戒賢に奉呈したという。『中論』・『百論』とともに『瑜伽論』もまた重んずべきとした論著である[18]。ここにも玄奘の『瑜伽論』に対する見識と高い評価が窺える。以後貞観三（六二九）年に出国し、貞観十九（六四五）年に帰国するまで、足かけ十七年間、玄奘は西域諸国はもとより、インド各地をくまなく旅して、大小乗の仏教教義の研鑽に務めるがその過程でも『瑜伽論』への傾倒は強められたことがわかる。

玄奘は貞観十九（六四五）年正月、六百五十七部の経律論を携えて帰国した。太宗は、西域・インド情勢を具に知る玄奘を還俗させ、臣下として迎えようとしたが玄奘はこれを固辞し、訳経に専念することを自らの使命とした。願いが容れられ、弘福寺に翻経院が置かれ、当時の最高陣容で翻経の仕事が援助されることとなった。貞観二十二（六四八）年、『瑜伽論』百巻の翻訳を終えている。訳成ったとき太宗は玄奘を招いて経論の著者と教義を尋ねた。玄奘は菩薩に到る修行の十七地（段階）を説いた論であるとその主旨を述べた。太宗は甚だ喜悦し、自ら『瑜伽論』を披閲し、即座に九本の書写を命じ九州に頒布させた。さらに玄奘の請により「大唐三蔵聖教序」を自ら筆を執って制作した。[19] 玄奘は唯識の最新の経論はもちろん、幾多の大小乗仏典をもたらし、そのうち七十三部一千三百三十巻を訳了した。その翻訳事業の中でも『瑜伽論』が特別の意味をもっていたことを銘記する必要があると思う。

玄奘と大乗思想

玄奘のインド遊学に関しては衆生救済を生命とする大乗の教義に対する確信を深めたことを見落としてはならないだろう。インドにおける『瑜伽論』の修学により玄奘の大乗思想への確信は不動のものとなった。『大唐西域記』は歴訪諸国の地理・風土・民俗等と合わせて釈迦の聖跡を具に記して太宗に献じた旅行記であるが、そこには歴訪した国々で行われていた仏教について、その小乗・大乗・大小兼行の別が遺漏なく記されている。玄奘の大・小乗に対する自覚的関心の程が窺われる。小乗国の長老からも小乗の奥義をよく学んでおり、そうした修学の上に大乗思想への不動の確信が築かれていったと見られる。『大唐西域記』に記された大・小・大小兼行国の存在は、最澄の『顕戒論』に援用されている。大乗菩薩僧を養成することを目的とした大乗戒壇設立に当たって、南都の僧綱を論破する根拠に採用された。当時の南都僧綱は大・小乗の教義の別などに大きな関心を払っていなかったこともわかる。

インド滞在中に北インドを制していた戒日王から、ナーランダ寺の戒賢に、小乗と大乗を論争させ、以て大乗の優位を天下に示したい、ついては大乗の論師を四人選ぶようにという要請があった。四人の中には玄奘も選ばれることとなった。戦闘的な小乗論師に三人が躊躇する中、玄奘は堂々これを論破し、戒賢等に「制悪見論」千六百頌を作って奉呈している。[20] また帰国後、玄奘はインドの小乗大徳であった慧天法師に宛てた書信の中で、「至二如理周言極一。無レ越二大乗一。意恨法師未レ為二深信一。[21]」との辞を寄せ、大乗を越える思想はないと翻意を迫っている。[22] 玄奘がインドへの遊学において『瑜伽論』の修学とともに大乗教義に対する確信を深めたことがわかる。『瑜伽論』は大乗の哲学的教義とその菩薩行実践の終着点を示す一大論著であり、集大成であったからこそ玄奘は命を賭けてインドへ渡り、後世に伝えることを使命としたのであった。彦悰箋『大慈恩寺三蔵法師伝』には『大乗瑜伽師地論』の呼称もある。[23]『大乗瑜伽師地論』こそ玄奘求法の核心であったといってよいであろう。帰国後の玄奘に師事した道昭が学んだものについて考えるとき、以上に述べた玄奘仏教にとっての『大乗瑜伽師地論』の重要さを抜きにしてその影響を論じることはできない。

第二節　『瑜伽論』の日本伝来

道昭の玄奘仏教継承

瑜伽唯識の教義は玄奘に学んだ道昭によって初めて日本にもたらされた。道昭は白雉四（六五三）年、遣唐留学僧の一人として渡唐した(24)。改新政府が初めて派遣した遣唐使である。学生二人に比して学問僧十三人を送ったところに律令国家体制を目指した新政府の仏教重視の方針が窺える。隋や初唐の国家仏教を学び、体制化しようとした倭国王権の意欲が指摘されている(25)。十三人の学問僧のうち渡唐後の動静が記録に残るのは道昭と定恵の二人のみである。

『家伝』によれば、定（貞）恵は時に十一歳、長安懐徳坊慧日道場に入り、神泰法師について仏法を学び、また経書にも通じたとある。慧日道場は、隋の煬帝が初め江南に建てた道・仏四道場の一で、天下の高僧を集めた。後東都にも慧日道場を建てるにおよび、江南の高僧達は競ってこちらに止住したという(26)。若き日の玄奘もここに学んでいる。慧日道場に関する情報は遣隋使または舒明期の遣唐使によりもたらされていた可能性がある。内大臣鎌足の長男定恵は入唐前にそうした情報を入手した上で渡唐し、天下の慧日道場に入室したのではないだろうか。定恵は帰国後本国での活躍の機をまたず夭折した。

白雉四年頃までに玄奘の盛名が日本にもたらされた可能性は少ない。『続日本紀』文武四年三月己未条の道昭伝にも「適遇二玄奘三蔵一」と玄奘師事の偶然性を記している。道昭は、長安に到着後当時既に盛名高かった玄奘に師事することを決めた可能性が高い。このことが後、日本に民衆教化という新たな仏教の道を開くことになる。太宗・高宗二代の信任厚く、翻経に専念していた玄奘が道昭の入門を認め、同房に起居を許したのは、自分の分身を見る思いがしたからではないだろうか。以下に引用する道昭遷化記事からもそれが窺える。唐の『仏祖統紀』永徽四（六五三）年条には「日本国遣二沙門道照一。入二中国一従二奘法師一伝レ法。」とある。十三人の学問僧のうち、唐側の記録に残ったのは道昭一人である。道昭が玄奘の下で何を得たかは『続日本紀』の道昭伝が手掛かりとなる。

> 文武四年三月己未。道照和尚物化。…（略）…和尚河内国丹比郡人也。俗姓船連。父恵釈少錦下。和尚戒行不レ欠、尤尚二忍行一。…（略）…初孝徳天皇白雉四年、随レ使入レ唐。適遇二玄奘三蔵一、師受レ業焉。三蔵特愛、令レ住二同房一。謂曰。吾昔往二西域一、在レ路飢乏、無二村可一レ乞。忽有二一沙門一、手持二梨子一、与レ吾食之。吾自レ啖後、氣力日健。今汝是持レ梨沙門也。又謂曰。経論深妙、不レ能二究竟一。不レ如学レ禅流二伝東土一。和尚奉レ教、始習二禅定一、所レ悟稍多。於レ後随レ使帰朝。臨レ訣、三蔵以二所レ持舎利経論一、咸授二和尚一而曰。人能弘レ道。今以二斯文一附属。…（中略）…還二帰本朝一。於二元興寺東南隅一、別建二禅院一而住焉。于レ時天下行業之徒、従二和尚一学レ禅焉。於レ後周二遊天下一、路傍穿レ井、諸津済処、儲レ船造レ橋。乃山背国宇治橋。和尚之所二創造一者也。和尚周遊、凡十有余載。有二　勅請一還、止二住禅院一。坐禅如レ故。或三日一起、或七日一起。儵忽香氣従レ房出。諸弟子驚怪、就而謁二和尚一、端二坐縄床一、无レ有二氣息一。時年七十有二。弟

子等奉二遺教一、火二葬於粟原一。天下火葬従レ此而始也。…（略）…後遷二都平城一也、和尚弟及弟子等奏聞、徙二建禅院於新京一。今平城右京禅院是也。此院多有二経論一。書迹楷好、並不二錯誤一。皆和上之所二将来一者也。

道昭帰国の年は右記事になく、他にも史料は残っていない。斉明七（六六一）年に帰国した遣唐使の一行とともに帰ったとするのが通説となっている[27]。それによれば、道昭の在唐は八年間ということになる。玄奘の同房に起居し、訳経事業の傍ら師の到達した大乗の集大成たる『瑜伽論』の精髄を折に触れ教授されたことは推測に難くない。その証左が第一に禅院の設立による禅行の流布、第二に十余年に及ぶ天下周遊、橋・津等の建設という大乗菩薩行の実践といえるであろう。

道昭と『大乗瑜伽論』

第一の禅行の流布についていえば、『瑜伽論』は瑜伽（禅）の実習を重んじるインド瑜伽行派の禅定体験から導かれた大乗仏教思想の論書である。百巻からなる同論は唯識哲学の体系とともに上求菩提下化衆生の自利利他行を使命とする菩薩行の実践を説き、菩薩の実践中でも禅定を重視している所が最大の特色である[28]。仏教を受容して日のまだ浅い海東の国に玄奘はまず実践を通じた大乗仏教の普及が重要と考えたのであろう。帰国する道昭に「経論は奥が深く窮め尽くすことは難しい。まずは、東土に還り、禅（瑜伽）を弘めるがよい」と諭している。道昭は師の勧めに従って相州隆化寺の慧満禅師について禅を学び、「所レ悟稍多」としている[29]。この体験が帰国した道昭をして禅院を建てさせ、天下行業の徒に唯識の重視する禅を弘めることとなった。その場所を道昭伝は

「元興寺東南隅」としている。道昭が中国で初めて禅を学んだということ、禅の実修により「所レ悟稍多」としていること、禅院を建てるや天下行業の徒（志ある官僧であろう）が禅を学んだということは、その頃まで日本では禅の修行が普及していなかったことを示している。『霊異記』上巻第三話に登場する道場法師については、元興寺東南に残る小字「道場」の地名と関連させた和田萃氏の論考がある。(30)この道場法師とは道昭の禅院で修行した法師で、元興寺の水利のために現小字道場の地に弥勒石を据えたことから地名が残ったのではないかと推測する。詳しくは次章の「初期道場と行基集団」で考察しているのでそこに譲りたい。中国の僧伝において、道場といえば禅道場を指すことが多く、僧にとって寺院で行う修行といえばまず禅の修行を意味すると見てよいであろう。道場の地名は七世紀後半に成立したとする和田氏の考察と道場法師説話の成立と道昭の「禅院」設立は相互に関係するのではないかと推測している。

　道昭が『瑜伽論』を学んだとする第二の証左は、大乗の衆生救済を実践したことである。天下に周遊して路傍に井を穿ち、諸処に船津を設け、宇治橋をはじめとした架橋を道昭伝は記している。多くの人の動員を要するこれらの事業は、知識を結集する形でなされたであろう。そこには当然教化が伴ったであろう。行基が行ったこうした事業の背景については『瑜伽論』「菩薩地」に説く、一切世間工業明論の影響が指摘されている。(31)「菩薩地」では、この一切世間工業明論を菩薩が学ぶべきこととして随所に説いている。一切世間工業明論とは、衆生の利益を実現するため、菩薩が学ばなければならない必須学問五領域の一である。(32)その教えをヒントとしたかと思われる道昭や行基の土木事業は、難しい教義を説くよりも、自他共に利益を蒙る作業に参加することで善を積み、心を浄化して悟りに至る実践的教化である。最も分かりやすい唯識観による衆生救済の方法といえよう。(33)道昭の実践を見るとき、彼こそ玄奘の伝えた瑜伽唯識論による大乗思想を自覚的に継承し、「菩薩地」の説く菩薩行を創造的に実践した最初の人といってよいであろう。道昭伝冒頭の「和尚戒行不レ欠、尤尚二忍行一。」という「戒行」「忍行」も禅定とともに「菩薩地」が重視する六波羅蜜の一である。[34]『三代実録』元慶元（八七七）年十二月壬午条には「道照法師本願記曰。眞身舎利、一切經論、安二置一處一、流二通萬代一、以爲二一切衆生所依之處一焉。」とある。本願記は今に伝わらないが、将来した舎利・経典が一切衆生に供せられるようにという道昭の本願を弟や弟子が継承して禅院を元興寺とは別個に平城右京に設立したのではないだろうか。

第三の証左は正倉院文書の優婆塞貢進解に残る『瑜伽論』「菩薩地」読経の記録である。[35]

謹解　申貢出家人事

船連次麻呂〈年三十　河内国丹比郡野中郷戸主正六位上船連吉麻呂戸口〉

読経　法花経壱部八巻　最勝王経壱部十巻

大般若経壱部六百巻　華厳経壱部八十巻

瑜伽菩薩地壱十六巻

誦　不空羂索陀羅尼　仏頂尊勝陀羅尼

浄行弐拾壱箇年

師主興福寺僧禅光

天平十四年十二月廿三日

貢人治部省少録従八位上船連多麻布

右の被貢人もその戸主も貢人もおそらく道昭の一族とみてまちがいないであろう。師主禅光もその名からして禅院で修行した可能性を窺わせる。道昭遷化後五十年近くになるが菩薩地巻三十六～巻五十の十六巻の読み方が伝わっているということは、道昭が『瑜伽論』をもたらし、少なくとも「菩薩地」に関しては読み方が伝授されていたことを証する史料である。『瑜伽論』は題名も含めてサンスクリットの漢音訳が多く日本の初学者が独自に読める仏典ではないであろう。おそらく道昭は玄奘の重視した「菩薩地」を少なくとも読経できるよう教授されたと思われる。被貢人の船連次麻呂が得度条件である法花経・最勝王経のみならず『瑜伽論』菩薩地を学習したということはきわめて特殊なことであり、船氏の間で「菩薩地」が重視されていたことをも推測させる。ちなみに貢進文に残る『瑜伽論』読経例は二例でともに「菩薩地」十六巻である。「菩薩地」の重視に注目しておきたい。

仏教公伝以来日本に伝えられた仏典の多くは大乗経典である。推古朝に廐戸皇子が講じたといわれている法華・維摩・勝鬘経も代表的な大乗経典である。しかしこの段階では、大乗の根本精神たる衆生救済のための教化は全く問題とされていない。仏教はあくまで支配層の教養であり、信仰であり、国家経営に資する文化であった。また道昭以前にも衆生救済の大乗菩薩行を行った僧はいたが、単発的でその思想の由来も明らかでない(36)。大乗仏教の歴史的な意義を自覚しインドから瑜伽唯識を持ち帰った玄奘に、道昭が直接学んだ意味は大きい。『瑜伽論』こそ約半世紀に及ぶインドの大乗仏教運動の歴史を集約した論書である。瑜伽（禅）行派が瑜伽の実践を通じて般若経典に代表される空思想を止揚し、唯識思想を大成したといわれている。同時に瑜伽行派が菩薩行の実践を積み重ねる中から得た衆生救済の実践方法を精緻にかつ極めて具体的に集大成したのが『瑜伽論』中の「菩薩地」である。『瑜伽論』が『十七地経』ともいわれたように『瑜伽論』の核心はこの「菩薩地」にあるといわれている。百巻に及ぶこの大著にこそ、衆生救済を目指す最新の大乗思想と実践のあり方が説かれている。それがインドから唐を経てストレートに日本へもたらされ、民衆に実践されたところにこの期の仏教受容の新たな画期性があった。経典の説く教えがここに初めて仏教を担う日本の僧尼によって内面化され、主体的に受け止められ、実践に移されたのである。それが如何なる形をとったにせよ民衆への仏教普及を自覚的に担った僧尼の出現こそが民衆仏教の始まりといってよいであろう。

第三節　行基と『瑜伽論』

行基の『瑜伽論』学修

行基が誰を師としたかを記す同時代史料は存在しない(37)。まだ師資相承ということが重要な問題となっていなかったからであろう。しかし行基研究者の間では道昭を師としたとする説がほぼ定説となっている。二人共に菩薩行として種々の社会事業を行ったこと、河内国丹比郡出身の船氏道昭と和泉国大鳥郡出身の高志氏行基と地域的に近く、ともに渡来系氏族で、道昭の盛名を慕って行基が師事した可能性の高いことが根拠として挙げられている。筆者もこの説を支持したい。

行基が十五歳で出家した天武十（六八二）年という年は道昭の帰国後二十一年目にあたる。前節で紹介した道昭伝（49頁参照）によれば帰国後すぐに禅院を建てた道昭は、しばらくその禅院で天下行業の徒に禅行を授け、その後天下を周遊すること十有余年、勅請あって禅院に戻ったとある。天武八（六七九）年十月の勅は僧尼に対する寺院寂居を前提にした内容であるから、道昭に対する勅請もこの前後にあったと推測される。[38]十五歳の行基は禅院に還った道昭に瑜伽唯識論の教えを受けるとともに禅の修行に励んだという推測も可能である。瑜伽唯識の学習にはまず、『瑜伽論』「菩薩地」が選ばれたことは前節から容易に想像できる。当時、玄奘直伝の道昭を措いて、瑜伽唯識論を行基に講説できる人をみいだすことは難しい。道昭は文武四（七〇〇）年に遷化しているから、行基が十五歳で出家し仮に道昭遷化まで指導を受けたとすれば、その間十七、八年ということになる。行基と道昭の師弟関係を示す同時代史料は存在しないが、行基の仏教活動に瑜伽唯識論、とりわけ『瑜伽論』「菩薩地」の影響が見られることを以下検証してゆきたいと思う。

まず初めに挙げたいのが、行基道場における禅行の実修である。行基は布教の拠点として道場を次々に建設していった。行基の生涯の事業を具体的に語るものは今『行基年譜』（以下『年譜』）が遺されているのみである。『年譜』の信憑性については先学の研究の蓄積があり、現在は何年にどこに道場を建設したかを記す年代記部分については信憑性が高いとされている。[39]『年譜』によれば、行基は慶雲元（七〇四）年生家に小堂を建てた。また、翌年和泉国大鳥郡大村里に大須恵院を建てている。『年譜』「年代記」は以降天平十六年までに四十六院が建てられたことを記す。これら後に所謂四十九院とよばれる院のうち、寺の名がつくのは恩光寺・菅原寺・大野寺の三寺のみで、他はすべて某院が名称である（158～159頁表4参照）。行基建立の諸院を官は道場と認識していた。『養老令』の註釈書『令集解』僧尼令非寺院条古記には「別立㆓道場㆒。聚㆑衆教化。謂行基大徳行事之類是」とある。古記は天平十年頃の法家の解釈を記すとされており、行基と同時代の官人が行基の院を衆生教化の道場と認識していたことがわかる。また『続日本紀』の行基入滅時の伝記にも「留止之処、皆建㆓道場㆒。」とある。先の『令集解』には「道場謂㆓修道之場㆒也。」とあり、道場とはまず仏道修行の場であった。『続日本紀』宝亀四（七七三）年十一月辛卯条の勅は「其修行之院、惣卌餘処」としてやはり院を修行の場としている。ではこの四十余の院では如何なる修行が行われていたのであろうか。修行の実態を具体的に語るのも前記宝亀四年の勅である。勅は四十余の院のうち六院が「法蔵堙（湮）廃、無㆓復住持之徒㆒、精舎荒涼、空餘㆓坐禅之跡㆒。」としている。本勅から読み取れるのは、精舎は坐禅の道場であり、行基滅後四半世紀、四十九院中六院を除く四十余院は健在で弟子は遺法を守り、道場で禅の修行に励んでいたと解することが可能であろう。現に、前年の宝亀三年三月丁亥には十禅師制発足にあたり、十人のうち四人は行基の弟子が選ばれている。[40] 天平勝宝四（七五二）年大仏開眼会に都講として招請されたのは行基の高弟景静で、聖武天皇の招請状には禅師の称が付けられている。[41] 景静は禅師とよばれる日本僧の史料上の初見とされている。[42] また『霊異記』中巻・第二話の主人公である和泉国泉郡大領血沼県主倭麻呂は行基に帰依し、出家後禅師信厳と称されている。信厳は「大僧正記」にも名を遺す行基の高弟である。こうした史料は行基の高弟達が禅行に優れて禅師の称を受けていたことを語る。四十九院はまず禅定を中心とした持戒精進の道場であったといえるであろう。

行基弟子と『瑜伽論』

ここで『続日本紀』養老元（七一七）年四月壬辰の有名な行基糺弾の詔第二項を改めて読んでみたい。

> 凡僧尼、寂㆓居寺家㆒、受㆑教伝㆑道。准㆑令云。其有㆓乞食者㆒、三綱連署、午前捧㆑鉢告乞。不㆑得㆔因㆑此更乞㆓余物㆒。方今、小僧行基、并弟子等、零㆓畳街衢㆒、妄説㆓罪福㆒、合㆓構朋党㆒、焚㆓剥指臂㆒、歴門仮説、強乞㆓余物㆒、詐称㆓聖道㆒、妖㆓惑百姓㆒。道俗擾乱、四民棄㆑業。進違㆓釈教㆒、退犯㆓法令㆒。二也。

本条が一番問題としているのは行基とその弟子が僧尼令に反して寺を離れ街衢で百姓に布教を行っていることであり、これが糺弾の眼目である。本条で注目したいのはこの弟子等の存在である。従来行基弟子は漫然と私度僧と解する説が多かった。しかしここで問題となっているのは明らかに官大寺の僧尼である。国家に奉仕すべき官寺の官僧が法令に反し、都下で布教活動を行っていることが律令政府にとってはゆゆしき法令違反と映ったのである。「道俗擾乱」の一語はよくその本質を語っている。律令施行間もないこの時期に国家が手を焼いたのは、寺家に寂居すべき少なからざる官僧尼が行基と行動を共にして朋党を構え平城京の街衢に出て、京師に住む百姓の家々を回って布施行を中心とした菩薩行を行っていたことである。行基はすでに国家が問題視するほどの影響力を官僧尼に対してもっていたことを示している。彼等は官大寺の僧尼であり、国家、支配層に奉仕すべき身分でありながら、行基の説く大乗菩薩行に共鳴し、自ら寺を捨て布教活動を行うようになっていた。行基集団は行基と民衆（班田農民）という構図や、行基が養成した優婆塞・優婆夷、あるいは私度僧を率いたように捉えられているが、実は行基と思想を共にし、「僧尼令」に反して寺を捨て巷の実践活動に赴いた少なからざる官僧尼が初期からいたことを本条は語っている。こうした事態を憂慮した律令国家は、仏教界引き締めのため翌年法門の師範、宗義の宗師を推奨させ、浮遊を戒め学習・禅行に精励せよとの太政官符を出したと解することができる。行基集団に官僧尼の多かったことはすでに先学の研究でも明らかにされている。「大僧正記」と呼ばれている行基弟子歴名帳にも師位・半位の僧位をもつ元興寺・薬師寺等の官僧がいたことが明らかにされており指導層を形成していたことがわかる[43]。前記養老元年詔に登場する官僧尼や「大僧正記」に名を残す僧達が徐々に建設されてゆく四十九院に住持し、中核となって、禅定修行をしながら『瑜伽論』「菩薩地」の実践要項などを学び、布教活動においても中心的な役割を果たしていったと思われる。またこうした僧尼が優婆塞・優婆夷また在家の信者達に道場で禅行を指導し大乗の教えを説いたであろう。直接の師弟関係を証する史料はないが、道昭から行基への『瑜伽論』と禅行の継承が以上のことからいえると思う。

霊異神験と禅定

行基論ではしばしば「霊異神験」が強調される。『続日本紀』の行基伝にも特性として記され、『日本霊異記』の行基説話では特にこの点を強く印象付ける説話が収録されている。この「霊異神験」として語られている神通、天眼、天耳等の威力は『瑜伽論』「菩薩地」が禅定の結果の効力として詳説しているものである[44]。衆生教化の方便として菩薩が難しい経を説いて信仰心をよびさますより簡単に人々を心服させるための方便とされ、禅定修行の階梯が進むにつれて神通力もあがるとされている。精進練行と官も認めるほどの行基[45]がその禅定力により獲得した天眼・天耳により、民衆を驚かせ心服させる一面を持っていたことは大いにありうることである。こうした中で行基讃仰の実話や説話が作られていったと考えられる。『霊異記』行基説話を詳しく分析した北條勝貴氏は説話を生み出した集団と説話の関係に注目し、「霊異神験」を以て菩薩と仰いだのは在地の民衆であり、行基により近い側近の弟子達は慈悲にあふれる菩薩僧という説話を生み出したと指摘している[46]。『霊異記』を生史料として扱う行基論が多い中で説話の生成を問題とされ、作られた行基像を読み解いており、傾聴すべき論考と思う。「霊異神験」によって「時人号曰二行基菩薩一」と行基伝も記すが、「菩薩」の呼称自体が民衆の間から自然発生的に起こる呼び名ではない。「菩薩地」を信奉する弟子達によって喧伝された可能性がある。以上、行基の霊異神験すなわち呪術とされるものにも「菩薩地」の説く禅定修行との関連を読み取ることができる。

　行基は天平勝宝元（七四九）年二月二日入滅、八日火葬に付され、三月二十三日生駒山東稜に埋葬された。『舎利瓶記』冒頭には「和上法諱法行。一号二行基一」とある。銘文は弟子の真成が作成した。「大僧正記」によれば真成は大村氏で、親族弟子とある。行基の最も身近にあった弟子として舎利瓶記の作成に当たったと思われる。注意を惹くのは通称行基の上に「法行」という法名を記していることである。『行基年譜』行年七十五歳記には「天平十四年四月五日、任大僧位〈諱行法大僧正〉」とある。考註者の鈴木景二氏は「僧位」を「僧正」とし、「行法」には「『舎利瓶記』に法行とある」と註している[47]。行基の大僧正任命は『続日本紀』によれば、天平十七（七四五）年正月己卯（二十一日）としており、『行基年譜』の前記記事は様々な錯誤があって信用しがたいが[48]、大僧正任命の箇所にのみ記された諱行法（法行）は気になる所である。法行は仏教修行に関する語で、「法随法行」という句で菩薩の修行を説くときに用いられる。『瑜伽論』「菩薩地」では菩薩の修学を説く中で「応に正しく法随法行を修行すべし」として菩薩の修行する法随法行の要点を示し、止観（禅定）の重要性を説く。[49]「法行」の名にも「菩薩地」を銘記した行基の一面、それを尊重した真成の思いが窺えないだろうか。

瑜伽唯識をいうとき、その思想と実践の根源にある「瑜伽行（禅行）」を抜きに論ずることはできない。その意味で玄奘が道昭に禅の流布を勧めたこと、道昭が禅院を建て天下行業の徒に禅を弘めたこと、行基の道場が禅行を重んじ禅師を養成したこと、行基が民衆から「霊異神験」の菩薩と映る言説を示し、民衆の信仰心に訴える一面があったであろうことも禅の修行と結びついている。近年、行基に関する考古学上の成果を総括された近藤康司氏は天平三年、山背国紀伊郡深草郷に建てられた法禅院を「ガンゼンドウ廃寺」に比定している。[50]土塔と同笵の軒丸瓦、人名瓦が出土し、一堂のみの堂宇という。「ガンゼンドウ」の後半は「禅堂」ではないだろうか。四十九院中唯一「禅」を名とする法禅院とも対応する。この地には行基集団の土木事業の痕跡がなく、法禅院は純粋に禅定修行の道場として建立された可能性がある。「ガン」の意味が取れないが、地元では「ゼンドウ（禅堂）」の語がつたわったのではないだろうか。次章で考察するが、『霊異記』下巻第十七に出る紀伊国那賀郡弥気里の「慈氏禅定堂」も行基に縁の深い道場と推測され、「禅堂」「禅定堂」の呼称に共通点を見ることはできないだろうか。

以上様々な史料の片鱗に行基集団と禅修行の痕跡を見てきた。布教活動の基礎に各地道場での禅行を重視し、『瑜伽論』「菩薩地」の説く菩薩行実践のための修行を行っていたと見たい。

第四節　行基知識と『瑜伽論』

『瑜伽論』巻二十六の写経

前節までに行基とその弟子が瑜伽唯識論とりわけ『瑜伽論』「菩薩地」の実践者であった可能性を見てきた。四十九院ではこうした官僧尼である弟子達が指導者となって院を経営し、院に集う優婆塞・優婆夷とともに修行を重ね、在地民衆の教化にも当たっていたことが推測される。そうした教化の具体的姿を示すものとして「和泉監知識経」と呼ばれている写経がある。知識経である『瑜伽師地論』巻二十六の奥跋には次のような記載がある（口絵参照）。

瑜伽師地論巻第廿六

　　書写石津連大足

和泉監大鳥郡日下部郷天平二年歳次康《ママ》午九月書寫奉

大檀越　優婆塞練信

従七位下大領勲十二等日下部首名麻呂
　　惣知識七百九人　男二百七十六
　　　　　　　　　　女四百卅三

天理図書館所蔵の本写経は『瑜伽論』巻二十六の冒頭部分を欠いているが、一見写経生によると思われる端正な文字で巻二十六の書写と奥跋を遺している。[51] 書写者の石津連大足は他に史料がないが、正倉院文書に写経生石津連真人の名が見える。[52] 大足も写経生であった可能性がある。本写経については大鳥郡大領日下部首名麻呂が大檀越となり、日下部郷全体で取り組まれた写経であるとする田中塊堂氏の解説がある。[53] 奥跋の大檀越の下は優婆塞練信と日下部首名麻呂が二行書きになっているので、これを別人と見る解釈と練信は名麻呂その人とする解釈がある。『日本霊異記』下巻第六には、高徳の禅師を供養する三人の檀越の中から一人が大檀越となりさらに厚く供養する話が載る。大檀越の用例は他に見られない。本写経は「日下部郷……書寫奉」となっており、一郷を写経の主体とする特異な形式をとっている。七百九人の知識を率いるには複数の檀越がいた可能性もあるが、それらを束ねるのが大檀越である。『霊異記』には国郡司が檀越となる例も見られる。[54] 本写経の場合、日下部郷の豪族かつ郡大領である名麻呂は一郷を知識とする写経の大檀越として最適任者であり、別に優婆塞練信を立てる必然性が乏しい。とすれば優婆塞練信は行基支持者としての彼の法名と解するのが自然ではなかろうか。日下部首氏については「日下部首」「日下」を記す文字瓦が土塔より出土しており、[55] 本写経の大檀越となった名麻呂と同一人物かどうかは確定できないが、日下部首氏は神亀四（七二七）年以前から行基集団と繋がりを持っていたことが分かる。写経をした石津連大足の一族石津氏は石津川の河口に蟠踞する豪族である。石津川は陶邑の須恵器を水運によって大阪湾に積み出す拠点となった所で須恵器生産との結びつきが強い氏族であるという[56]。日下部郷は石津川の水域にあり、行基の母方である蜂田氏の居住地蜂田郷も石津川の水運域にあり、須恵器生産に関わる氏族とする見解もある[57]。日下部郷については、藤原京から「大鳥評」や「日下部」とヘラ書きした須恵器が出土しており、「日下部」は「大鳥郡日下部里」をさした可能性があるとの報告がある[58]。その意味するところはまだ明らかにされていないが、あるいは日下部の地も須恵器貢納に関わっていた可能性がある。土塔の文字瓦には大鳥郡内で須恵器生産に関わる氏族の名がいくつも出土しており（156頁表3参照）、本写経の背景には須恵器生産にかかわって形成された大鳥郡内の氏族相互の紐帯を背景にした土塔の建立、さらにはその知識であった人的相互関係を生かした写経事業と解することができるのではないだろうか。

知識の総勢七百九人、男女比四対六の意味するところが問題となるであろう。田中塊堂氏は日下部郷の総勢とみた。男女の比率が気になるが、奥書きに「日下部郷書写奉」とあり、七百九人という人数からすると、田中氏の説に従いたい[59]。大人数を動員した大規模写経はこの時代他にも見られるが、現存のものは巻毎に参加知識の名を記している[60]。大領が大檀越となって一郷の総勢を一括して率いる形をとる本写経は、領民の編成という点で注目される。そこで『瑜伽論』巻二十六について考察をすすめたい。

『瑜伽論』は百巻という大部の仏典であるので、全体を書写した中でこの一巻のみが遺ったという可能性は少ないであろう。奥書の書き方からも、おそらく巻二十六が特に選ばれて書写されたと考えたい。巻二十六は声聞地の「明㆓数取趣処㆒（さくしゅしゅしょをあかす）」という巻である。「数取趣」とは様々な人間の在りようを意味する梵語の音訳である。つまり巻二十六は「さまざまな人間のありかたを明らかにする」とでもいうべき唯識による衆生論の一巻である。教化・救済の観点から人間を二十八種のタイプに分類してそれぞれの特性を詳述している。その分類によれば一郷七百九人のすべてがどこかのタイプに属するような包括性をもった人間分析がなされており、それぞれのタイプが何を縁とし、何を学び、どのように修行したらよいかを説いている。そのなかで観行（禅）の重要さが説かれていることはいうまでもない。写経には一切経書写のように写経という行為そのものが功徳になるとして取り組まれる場合と、経論の内容と所願が密接に結び付いて行われる場合がある。『瑜伽論』の中から巻二十六が選ばれたとすると日下部郷での写経は後者の例といえよう。『霊異記』に登場する写経説話では、書写成就の暁には必ず法会が行われている。恐らく本写経も完成時には、大檀越以下知識衆が集まり、教化僧から「数取趣」についての法話が説かれたことであろう。人それぞれ、もって生まれた質があるがそれぞれに相応しい修行をすれば皆救われる機会があると説いている。こうした心に働きかける領民結集のしかたは従来の地縁・血縁紐帯を新しい原理で結び直す働きをしたのではないだろうか。一般に道昭・行基の実践は主として『瑜伽論』「菩薩地」によると考えられるが、ここではわざわざ「声聞地」中の巻二十六が選ばれているのも在家の領民に菩薩行を要求するのではなく、在家者にふさわしい応分な信仰を前提にしているからであると思う。巻二十六にもしばしば出てくるが、仏教的慈愍は仏教的な平等観であり、領民を人として重んじるところがある。多くの民衆が行基を慕ったと記録に遺るのもこうしたことに由来する面があるであろう。ここから豪族層である大領を中心に、領民を仏教の教えの力で結集してゆく行基集団のあり方が垣間見えないだろうか。

『行基年譜』年代記によれば天平九（七三七）年二月に鶴田池院が起工されている。『行基年譜』の「天平十三年記」に見える日下部郷鶴田池はそれ以前に完成していたであろう。天平二年の本写経と鶴田池の構築との前後関係を知る手掛かりはないが、両者が密接に関わっていることは十分に推測できる。大領日下部首名麻呂の行基集団への帰依と一郷の人々の『瑜伽論』巻二十六写経による結集と潅漑事業への取り組みが有機的に結び付いていたことが見えてくる。池を構築することや、それによる墾田の拡大も現世における有情饒益の積善行為である。その意味で「菩薩地」の教えは、在地での事業遂行の新たな、しかも強力な統合力になったであろう。長山泰孝氏は豪族層と行基仏教を結びつけたものは生産活動と不可分な実践倫理と考察したが[61]、『瑜伽論』「菩薩地」ではまさにそうしたこの現実世界での有情饒益が菩薩の課題とされていることに注目したい。

この史料の考察から、教化僧―この史料に名はでてこないがおそらく行基ないしその高弟―が『瑜伽論』をかなりのレベルで理解しており、写経においてもその場にふさわしい巻の選択がなされていたと推測することもできよう。和泉監知識経は従来指摘されてきたように行基の布教活動が『瑜伽論』に依拠していたことを証する有力な史料の一つと見ることができる。

おわりに

道昭が玄奘より学んだ仏教は、玄奘仏教の核心を抜きに論じることはできない。その核心は『瑜伽論』の修学と最新の大乗思想である瑜伽唯識論を唐へもたらしたことであった。『瑜伽論』こそ約五世紀にわたるインド大乗仏教の思想と実践を歴史的に集約したものである。道昭は玄奘に親炙すること八年、折に触れ瑜伽唯識論の精髄を伝授されたであろうことは想像に難くない。道昭が帰国後禅院を建て、衆生救済のための社会事業を行ったのは、玄奘の信条であった大乗の教えを自覚的に受け止めた結果の実践であったといってよいであろう。『瑜伽論』は「声聞」「独覚」の次の境地に「菩薩」をおき、「菩薩地」は衆生救済の菩薩行と六波羅蜜、特に禅行を必須のものとして最も重視する。[62]衆生救済と菩提へ到る自利利他のために禅行は不可欠と説いている。

行基の仏教事業をみると、道昭の実践から受け継いだことが根幹をなしている。すなわち、四十九院における禅の実修と、土木事業を通じてのさらなる大規模な教化である。四十九もの道場建立は道昭に見られなかったものであり、行基の教化への情熱や、同調した僧尼、それを必要とした民衆の置かれた状況があったことが考えられる。[63]その点で行基は道昭以上に戦略的であったといえるのではなかろうか。初期の道場が山林に多く、土木事業を伴っていないことは、先ず「朋党」つまり同志を募り共に修学して、志を固め都城に布教に出る準備をした事情を推測させる。養老六年の弾圧後は先行研究で指摘されているように、交通・漑漑施設と道場が有機的に結びついた活動を展開するがこれも有効な唯識的教化活動として考えられたであろう。この道場の運営・維持に主導的役割を果たしたのが官僧尼であり、それを支えたのが彼等の出身母胎であった豪族を中心とする在家信者であったと推測される。かれらは行基とその弟子等の説く『瑜伽論』「菩薩地」の有情繞益という現実的菩薩行に共鳴し、行基とともに修行し、教化活動に参加したと推測される。道昭・行基の時代に至って、初めて大乗経典の教えがそれを受容した僧尼によって内面化され、自覚化され実践されるに至ったといえよう。行基等は四十九院において、そうした菩薩僧を多数養成した[64]。

千とも、三千ともいわれる弟子や民衆が行基に追随したのは[65]、根底に大乗仏教がもつ衆生への慈悲、平等という仏教的人間観があったことが重要と思う。古代民衆を初めて人として認め、苦から救済するという思想が一部僧尼を捉え、その僧尼の教化に多数の豪族を含む民衆がついていったというのが行基集団の組織構成と考えられる。行基がカリスマ的存在であったとしても、行基の思想を理解し行動を共にした僧尼集団の大乗思想、慈悲心に支えられなければ、一過性の運動として終わったであろう。行基集団として結束させ、運動を持続させた背景には、時代状況に適合した仏教思想による支えがあったことを見逃すべきではないと思う。その意味で、『瑜伽論』の伝来も、その実践もきわめて歴史的なものだったといってよいと思う。

以上、今回は行基の思想基盤を明らかにすることを目的として一つの解釈を提示してみた。史料に遺る行基およびその集団の事蹟は、『瑜伽論』によって解くとき一貫した整合性をもつと思う。奈良時代、民衆仏教は行基を頂点として広い裾野をもっていた。この点に関しては先学の研究が積み重ねられている[66]。それらの活動と、行基の実践とがどのように思想的な関連をもっているのかということについては今後の研究課題としたい。

注

(1) 行基は天平勝宝元（七四九）年二月丁酉（二日）入滅。同三月廿三日弟子真成記の『大僧正舎利瓶記』はその生涯を要約し「苦行精勤、誘化不㆑息」とし大土木事業など特記していない。延暦十六（七九七）年撰進の『続日本紀』行基伝には「周二遊都鄙一、教二化衆生一」とある。
（2）『養老令』「僧尼令」非寺院条は僧尼の寺院外活動と私道場での教化を厳禁している。この規定により『続日本記』養老元（七一七）年四月壬辰詔で行基及び弟子等が糺弾されている。
（3）高取正男「日本におけるメシア運動」（『日本史研究』第二四号　一九五五、日本名僧論集第一巻『行基　鑑真』（吉川弘文館　一九八三））、石母田正「国家と行基と人民」（『日本古代国家論』第一部　岩波書店　一九七三）
（4）吉田一彦「行基と呪術」（『日本古代社会と仏教』吉川弘文館　一九九五）、「行基と霊異神験」（『古代仏教をよみなおす』吉川弘文館　二〇〇六）吉田氏は高取・石母田両氏と異なり、行基の呪術つまり霊威神験を中国仏教で発達した分野とし、仏図澄以来の中国仏教の実践の一範疇として行基もその影響を受けたとされている。
（5）井上薫「弾圧とその後」（『行基』吉川弘文館　一九五九）、二葉憲香「行基の実践を通じて見た反律令仏教の成立」（『古代仏教思想史研究』永田文昌堂　一九六二）
（6）吉田靖雄「行基における三階教および元暁との関係の考察」（『歴史研究』第一九号　一九八一、舟ヶ崎正孝先生退官記念『畿内地域史論集』一九八一）、「行基の思想基盤について」（『ヒストリア』九七号　一九八二）、「行基の信仰・思想の背景と所依の経典」（『行基事典』国書刊行会　一九九七）吉田氏は行基の巷間での民衆布教には道昭がもたらした「三階教」の影響が決定的だったとする。中井真孝「民衆仏教の発展」（『日本古代の仏教と民衆』評論社　一九七三）、「《知識仏教》と行基」（『行基と古代仏教』永田文昌堂　一九九一）中井氏は行基が道昭より法相教学を学んだとしながらそれは学問レベルの域にとどまり、『瑜伽論』は観念的である故に実践への影響はなかったとした。行基の思想を鍛えたのは諸大乗経典の説く福田思想であり菩薩行だったとの見解を示した。
（7）鬼頭清明「南都六宗の再検討」（笹山晴生先生還暦記念会編『日本律令制論集』吉川弘文館　一九九三）
（8）鎌田茂雄「隋・唐の諸宗」（『中国仏教史』第六巻　隋唐の仏教（下）　東京大学出版会　一九九九）

（9）井上薫「平城京造営と布施屋設置」（前掲注5書）、栄原永遠男「行基と三世一身法」（赤松俊秀教授退官記念『国史論集』一九七二、日本名僧論集第一巻『行基　鑑真』（吉川弘文館　一九八三））、長山泰孝「行基の布教と豪族」（大阪大学教養部　人文・社会科学『研究集録』第一九輯　一九七一『律令負担体系の研究』塙書房　一九七五）

（10）岩宮未地子「文字瓦の分析と考察」（『史跡土塔―文字瓦聚成―』堺市教育委員会　二〇〇四）によれば文字瓦人名中判読可能なものに僧尼関係者が占める割合は20％で一つの参考資料である。日下無倫「行基菩薩門弟雑考」（『無尽燈』二二―九・一〇、一九一七・九、一〇。論集奈良仏教3『奈良時代の僧侶と社会』雄山閣　一九九四）に載せる「大僧正記」によれば行基集団の指導層には師位や半位をもつ官僧が多い。「大僧正記」の史料の信憑性については前記岩宮未地子氏の論考により実証されている。詳しくは本稿第五章を参照されたい。行基弟子中の官僧尼の存在については第四章を参照されたい。

（11）長山泰孝　前掲注（9）は、行基仏教には豪族層の開拓意欲を鼓舞する実践倫理的側面があったことを考察している。

（12）『続日本紀』宝亀三（七七二）年三月丁亥条は十禅師の任命を記し、その中に行基高弟四人が選ばれている。彼等により行基及び集団の情報が光仁天皇及び官に伝わる道ができた。翌年十一月辛卯には行基四十九院中荒廃した六院を再興する詔が出ている。延暦二十四（八〇五）年に菅原寺の別当等が官に提出した寺牒が所謂「天平十三年記」として『行基年譜』（安元元（一一七五）年泉高父著）に載る。宝亀～延暦期は行基再評価の時期で行基関係の正確な情報入手に努めたことがわかる。

（13）『日本紀略』延暦廿一年正月是日条

（14）田村圓澄「摂論宗の伝来」（『日本仏教史』2　奈良・平安時代　法蔵館　一九八三）田村氏は道昭の将来したのは玄奘渡印以前に中国仏教界で影響力をもった摂論宗であるとしている。

（15）富貴原章信「唯識宗の日本伝来」（『日本唯識思想史』国書刊行会　一九四三）、深浦正文「唯識の日本初伝と玄奘道昭の関係について」（『大和文化研究』第九巻　一一号　一九六四）、志水正司「『瑜伽師地論』検証」（『日本古代史の検証』東京堂出版　一九九四）

（16）『続高僧伝』巻四「京大慈恩寺釈玄奘伝」大正新修大蔵経（二〇六〇―四四七　b一六～二二）著者の道宣は玄奘の訳経事業に参加した同時代人であり、鎌田茂雄（前掲注（8））も最も信頼すべき玄奘伝の一としている。

（17）『成唯識論』とは、唯識の認識論を三十の頌で表現した世親著『唯識三十頌』の諸説を護法が集成し自説を述べたものである。後玄奘弟子の慈恩大師基窺が『成唯識論述記』を表わし、法相宗の根本聖典となる。

（18）前掲注（16）大正新修大蔵経（二〇六〇―四五二　c二三～二六）

（19）前掲注（16）大正新修大蔵経（二〇六〇―四五六　a三～七）『大唐故三蔵玄奘法師行状』大正新修大蔵経（二〇五二―二一八　a一六～二九）、『大慈恩寺三蔵法師伝』大正新修大蔵経（二〇五三―二五五　c二五　～　二五六　a二七）

（20）前掲註（16）大正新修大蔵経（二〇六〇―四五二　c二六　～　四五三　a二二）

（21）『大慈恩寺三蔵法師伝』大正新修大蔵経（二〇五三―二六二　a一　～　二六二　a二七）

（22）横超慧日「中国仏教に於ける大乗思想の興起」（『中国仏教の研究』一　法蔵館　一九五八）

（23）『大慈恩寺三蔵法師伝』大正新修大蔵経（二〇五三―二二六　c二七）

（24）『日本書紀』白雉四年夏五月辛亥朔壬戌条

（25）鈴木靖民「遣隋使と礼制・仏教」（『国立歴史民俗博物館研究報告』第一五二集　二〇〇九）

（26）鎌田茂雄『中国仏教史』第五巻　隋唐の仏教（上）（東京大学出版会　一九九四）。なお慧日道場については『京大慈恩寺釈玄奘伝』にも「東都慧日盛弘二法席一」（大正新修大蔵経二〇六〇―四四六　c一九）と洛陽に存在したことを記す。『家伝』の「住二長安懐徳坊慧日道場一」との齟齬は不明である。

(27) 富貴原章信　前掲注(15)論文、富貴原氏は『三代実録』『扶桑略記』の記述より算し斉明七（六六一）年帰国の遣唐使とともに帰着したとする。『三代実録』元慶元年十二月十六日条は「以二禪院寺一爲二元興寺別院一。禪院寺者、遣唐留學僧道照、還レ此之後、壬戌年三月、創二建於本元興寺東南隅一、和銅四年八月移二建平城京一也。道照法師本願記曰。眞身舍利、一切經論、安二置一處一、流二通万代一、以爲二一切衆生所依之處一焉。」（壬戌年は天智元年）

(28) 宇井伯壽「菩薩地と大乗荘厳経論」（『瑜伽論研究』岩波書店　一九五八）、横山紘一「唯識思想の展開」（『唯識思想入門』第三文明社　一九七六）、服部正明「瑜伽行としての哲学」（服部正明・上山春平　仏教の思想4『認識と超越〈唯識〉』角川学芸出版　一九九七）

(29) 富貴原章信、深浦正文　前掲注(15)

(30) 和田萃「飛鳥川の堰―弥勒石と道場法師―」（『日本史研究』一三〇号　一九七三）

(31) 井上薫　前掲注(5)、二葉憲香　前掲注(5)

(32) 『瑜伽論』「菩薩地」第十五初持瑜伽処力種姓品第八、大正新脩大蔵経（一五七九―五〇〇　c一三　～　五〇三a一九）には菩薩が仏法を学ぶのはもちろん、その他に因明論（論理学）声明論（文法学）医方明論（医学）世間工業論を挙げる。是等五学問領域は、菩薩が衆生を救済するための必須学問とされる。世間工業論とは、「計理学、商業、農業、さまざま製造業、あるいは音楽・詩歌などの技芸、世間の営みをいう。『大唐西域記』巻二には、インド国の概説があり、子どもの教育に関して「七歳之後漸授五明大論。一曰聲明。釋詁訓字。詮目疏別。二工巧明。伎術機關陰陽　曆數。三醫方明。禁呪閑邪藥石針艾。四謂因明。考定正邪研覈眞僞。五曰内明。究暢五乘因果妙理。」（大正新修大蔵経　二〇八七―八七六　c一八～二一）とあり、当時のインドに於ける子弟教育の五分野であることがわかる。水谷真成『大唐西域記』（平凡社　一九七二）は、工巧明に「工芸・音楽・美術・書算・

占相・呪術などから、平常の衣食住にいたるまでの全ての学術技芸を網羅したものである」と注している。

(33) 唯識は名のとおり「唯だ識（心）のみ」とする唯心思想である。煩悩（執着）の克服が仏教の究極目的であるが、唯識はそのために善行を積んで深層にある阿頼耶識を浄化し、瑜伽の修行を積み重ねることにより菩提に至るとする。

(34)『瑜伽師地論』巻第三十九～巻第四十三は施・戒・忍・精進・静慮（禅）・慧の六修行について目的・意義・効果等を有情饒益の立場から詳説する。（大正新修大蔵経一五七九―五〇五 a 一五～五三三 a 一三）

(35) 続修十八　（『大日本古文書』二―三二三）

(36) 宇治橋碑には大化二（六四六）年釈子道登が法界衆生のため大願を発し架橋したという大乗的願文を記している。

(37) 行基の師を伝える史料は、平安時代成立とされる『行基菩薩行状記』に「道照師を師範として元興寺に住し給て瑜伽唯識等を修学し給」とあり、『行基菩薩伝』は定昭（道昭）・新羅恵（恵基か）とする。鎌倉時代成立の凝然著『竹林寺略録』（嘉元三（一三〇五）年）は定照（道昭）・慧基・義淵を挙げる。同凝然著『三国仏法伝通縁起』は道昭としながら、智鳳・智鸞が義淵に法を授け、義淵の高弟の一人に行基をあげる。以上いずれも後代のもので、「学法相」としている所も後代の知識が入る。

(38)『日本書紀』天武八年十月是月「勅曰、凡諸僧尼者、常住㆓寺内㆒、以護㆓三宝㆒。」

(39) 二葉憲香　前掲注（5）は『年譜』編纂上の史料の分析と信頼性を検討。井上光貞「行基年譜、特に天平十三年記の研究」（竹内理三博士還暦記念会編『律令国家と貴族社会』吉川弘文館　一九六九、日本名僧論集第一巻『行基　鑑真』吉川弘文館　一九八三）は『年譜』中の「天平十三年記」部分の信憑性を論証。米田雄介「行基と古代仏教政策」（『歴史学研究』三七四　一九七一、日本名僧論集第一巻『行基　鑑真』吉川弘文館　一九八三）、栄原永遠男「行基と三世一身法」（赤松俊秀教授退官記念『国史論集』一九七二、日本名僧論集第一巻『行基　鑑真』

吉川弘文館　一九八三）は「天平十三年記」と関連性の深い道場建設記事の検討から、年代記の一定部分の信頼性を論証。近藤康司「大野寺を考古学する」（摂河泉古代寺院研究会編『行基の考古学』塙書房　二〇〇二）は大野寺土塔から神亀四年（丁）卯年二月（三日起）（　）部分は『年譜』による推定）と記す軒丸瓦が出土し、『年譜』記事と年代が一致したために『年譜』年代記部分の信憑性は高いとされるようになった。

(40)『続日本紀』宝亀三年三月丁亥条「禅師秀南。広達。延秀。延恵。首勇。清浄。法義。尊敬。永興。光信。或持戒足レ称。或看病著レ声。詔充二供養一。並終二其身一。当時称為二十禅師一。其後有レ闕。択二清行者一補レ之。」上記十人のうち首勇・清浄・法義・光信の四人が行基弟子である。

(41)『東大寺要録』「供養章」

(42) 舟ヶ崎正孝「奈良時代の禅師について」（『大阪教育大学紀要』第二〇巻　第Ⅱ部門　一九七一）

(43) 日下無倫「行基菩薩門弟雑考」（『無尽燈』二二―九・一〇、一九一七、論集奈良仏教3『奈良時代の僧侶と社会』雄山閣　一九九四）、石村喜英「行基の弟子列伝と一・二の問題」（櫛田良洪博士頌寿記念会編『高僧伝の研究』山喜房仏書林　一九七三）、吉田靖雄「補論　行基の弟子について」（『行基と律令国家』吉川弘文館　一九八七）、北條勝貴「行基と技術者集団」（『行基事典』国書刊行会　一九九七）以上の論考が引用する史料「大僧正記」の作製年代は行基の死後間もなくとされるが、歴名帳の中には神亀四年築造の土塔の文字瓦に名を残す僧もおり、中には初期から参加した僧尼の存在が想定できる。詳しくは本稿第五章を参照されたい。

(44)『瑜伽論』巻第三十七菩薩地第十五威力品第五（大正新修大蔵経　一五七九―四九一　b六～　四九六　b一三）

(45)『令集解』僧尼令・非寺院条、「勘二知精進練行一」の古記は「精進練行、謂行基大徳行事是」とし、『続日本紀』宝亀四年十一月辛卯勅に「故大僧正行基法師、戒行具足、智徳兼備。」とある。また弟子の記録『大僧正舎利瓶記』も「苦行精勤誘化不レ息」とある。

（46）北條勝貴「『日本霊異記』と行基―〈描かれた行基〉の意味と機能―」『日本古代・中世史　研究と資料』第一五号　上智大学文学部平田研究室内『研究と資料』の会　一九九七）

（47）鈴木景二『行基年譜』解題・考註（『行基事典』　国書刊行会　一九九七）

（48）『行基年譜』には天平十七年正月十七日記に「以㆓行基大徳㆒為㆓大僧正㆒」とある。『年譜』にはこうした二重の記述が時々ある。二葉憲香氏は前掲注（5）論文で編者泉高父が原記録を正確に筆写したためとしている。井上光貞氏も同様の見解を示している。前掲注（39）

（49）『瑜伽論』「菩薩地」（大正新修大蔵経　一五七九―五〇三　c二一～　五〇四　b一）、横山紘一『唯識仏教辞典』

（50）近藤康司「行基建立四十九院の考古学的検討」（『行基と知識集団の考古学』清文堂出版　二〇一四）

（51）『寧楽遺文』（六一二頁）は知恩院所蔵として本写経の跋文を載せるが、文の配置が異なり、文字にも異同がある。『寧楽遺文』の解説によれば、出所は『日本寫經綜鑒』と思われるが、『日本寫經綜鑒』掲載の跋文と『寧楽遺文』の跋文にも異同がある。井上光貞　前掲注（39）論文も『寧楽遺文』を根拠としている。筆者は志水正司氏前掲注（15）論文に示唆され、天理図書館のご厚意により原本を閲覧する機会を得たので口絵にその奥跋を掲載した。閲覧と写真提供を快諾下さった天理図書館のご協力に心より感謝申し上げたい。

（52）「天平宝字二年七月五日千手千眼経并新羂索薬師經々師等墨直充帳」続々修　八帙八（『大日本古文書』一三―三五九）に石津連眞人の名が見える。

（53）田中塊堂『日本寫經綜鑒』（三明社　一九五三、思文閣　一九七四）

（54）『日本霊異記』下巻第十三

（55）岩宮未地子　前掲注（10）

（56）中村浩「陶邑の成立」（『和泉陶邑窯の歴史的研究』芙蓉書房　二〇〇一）

(57)浅香年木「須恵器生産と陶部の関係」(『日本古代手工業史の研究』法政大学出版局　一九七一)

(58)花谷浩「左京六・七条二坊の調査」(『奈良文化財研究所紀要』二〇〇一)

(59)田中塊堂　前掲注(53)、南部昇「籍帳における片籍・独籍の対応関係概観」(『日本古代戸籍の研究』吉川弘文館　一九九二)によれば、山背国愛宕郡出雲郷での神亀三年の成年男女比は一〇〇：一六五、天平五年には一〇〇：一一一、天平五年右京では一〇〇：三〇〇という数字が示されている。史料の残存状態や年次によって大きな変化が見られるが、これを参考に類推すれば日下部郷の男女比もあながち不自然な数字とはいえない。

(60)薗田香融「知識と教化」(赤松俊秀教授退官記念『国史論集』一九七二)、田中塊堂　前掲注(53)所出「家原邑知識経」「慈性《ママ》知識経」

(61)長山泰孝　前掲注(9)

(62)『瑜伽師地論』「菩薩地」巻第四十三、静慮品(大正新修大蔵経一五七九—五二七　b八　～　五二八　b二四)

(63)井上薫　前掲註(5)著書。大宝律令の施行により律令国家体制が整い、百姓の課役負担は飛躍的に増大し、諸国の道路整備、平城京・恭仁京等の都城造営のための過酷な労役負担は『続日本紀』にもしばしば記されている。眼前の百姓の苦を救済する必要が行基の大乗思想と結び付いたことは行基研究の諸家が指摘されてきたところである。

(64)最澄『顕戒論』巻上第二「開㆘示大日本国先㆓大乗寺㆒後㆓兼行寺㆒明処㆖二」は行基四十九院が大乗菩薩僧養成の一向大乗寺であると評価している。石村喜英　前掲注(43)に「恐らく奈良時代を通じ、行基程多数の弟子を養成した僧は皆無であったといって過言でないと思われる」とある。

(65)『続日本紀』天平勝宝元年二月丁酉行基遷化記事に「道俗慕㆑化追従者、動以㆑千数」、『大僧正記』(前掲注43)「二千百余人。」『七大寺年表』『僧綱補任抄出』に「門弟三千一百余人」、『東大寺要録』巻第一「弟子三千一百九人」

(66) 中井真孝「民衆仏教の群像」前掲注(6書)、和田萃「行基の道略考」(『環境文化』第五八号 一九八三)、勝浦令子「行基の活動と畿内の民間仏教」(『日本古代の僧尼と社会』吉川弘文館 二〇〇〇)これらの論考では行基集団と異なる民間教化の活動を考察され、とくに中・南河内地域には行基と別個の活動地盤があったことが指摘されている。

第三章　初期道場と行基集団

はじめに

行基が建立した四十九院は当時から「道場」と呼ばれていた。『続日本紀』天平勝宝元（七四九）年二月丁酉条の行基伝に「留止之処皆建㆓道場㆒。其畿内凡卌九処。諸道亦往々而在。弟子相継皆守㆓遺法㆒。至㆑今住持焉。」とある。また『令集解』僧尼令、非寺院条古記には「別立㆓道場㆒聚㆑衆教化。謂行基大徳行事之類是」とあるから、天平十年頃までに行基が建てた仏教施設は当時の官人にとって「道場」と呼ぶのがふさわしい性格をもっていたことがわかる。

行基の仏教施設はなぜ「道場」と呼ばれたのか、当時の人々が「道場」と称して「寺」と区別するとき、そこにはどのような性格が考えられていたのだろうか。「道場」概念を明らかにすることは行基仏教の性格を考える上でも重要である。近年『日本霊異記』に登場する仏教施設の形態や機能の検討、考古学調査の成果による地方寺院の存在形態の研究等が進んだが、「道場」についての専論はほとんど見られない[1]。また行基研究においても「道場」の視点から行基仏教の特性を重視した石母田正氏の論文があるのみで[2]、行基の道場のもつ意味について古代の仏教史に位置付けて論じられることはなかったと思われる。古代仏教史の中で「道場」と呼ばれる仏教施設がいつ、どのような意味で登場してきたのかを明らかにすることは、行基仏教の特質を明らかにする上でも必要なことと思う。また、前述の行基伝に「諸道亦往々在。」としている畿外における「道場」の建立の真偽についても併せて検討したいと思う。

第一節　伝承の中の「道場」

日本の古代仏教史の中で実在する施設が「道場」と呼ばれた初見は先述したように『令集解』古記に記されている行基の道場ではないかと思う。行基の施設は普通「院」と呼ばれているが当時の官人の認識ではその実態は「道場」であった。ではそれ以前に「道場」と称された施設はなかったかというと、伝承の中で「道場」と呼ばれた施設が二つ存在する。「元興寺伽藍縁起并流記資財帳」（以下「元興寺縁起」）に記されている桜井道場と「大安寺伽藍縁起并流記資財帳」（以下「大安寺縁起」）に見える熊凝道場である。桜井道場は推古天皇が豊浦宮跡に建てた豊浦寺の起源となった道場として説かれ、熊凝道場は大安寺のそもそもの起源となった聖徳太子建立の道場として説かれている。両道場とも推古朝に起源をもち、天皇や太子の関与により建立されたというところが共通している。果たして推古朝に「道場」という仏教施設は存在し、「道場」の名で呼ばれていたのであろうか。

桜井道場への疑問

桜井道場の存在を記す「元興寺縁起」に関しては、早く喜田貞吉氏が本文の内容、奥書の書式・記載方法に後世の偽作ありと批判し、成立は平安末期とした。[3] 喜田説以降成立の年代、成立過程を巡って様々な見解が提示され、定説を見ない現状である。近年、吉田一彦氏が醍醐寺所蔵写本を実見した上で調査報告とともに研究史とその問題点を論じている。[4]「元興寺縁起」は構成が複雑で、史料批判の論点も多様であり、したがって成立年代についても諸説ある。ただ「元興寺縁起」は飛鳥寺の縁起文・塔露盤銘・丈六仏光背銘を載せるが、縁起文の過半は豊浦寺の縁起であり、本文は「豊浦寺縁起」であったとする点では諸説一致している。この点に関して福山敏男氏は本縁起は奈良朝の末頃に元興寺側から豊浦寺をその支配下に置こうとする意図の下に豊浦寺の縁起を、その主張に合致するように改変したという見解を示している。また「元興寺縁起」は豊浦寺創建に関する奈良時代唯一の記録とも指摘した。[5] 日本思想大系の校注をした桜井徳太郎氏は「元興寺縁起」が現在の形になったのは奈良朝末期であろうとしている。[6] そこで現「元興寺縁起」中の豊浦寺の縁起について記している部分に出てくる桜井道場が創立当時から「道場」と呼ばれていたかどうかについて検討したい。

「元興寺縁起」によれば、欽明天皇の時、百済が渡した「灌仏の器」を敏達天皇十二（五八三）年に豊御食炊屋姫と池辺皇子が安置した場所が桜井道場の始まりとし、やがて最初に出家した三尼が住んだのもこの桜井道場としている。『日本書紀』では敏達天皇十四（五八五）年六月条に「新宮二精舎一、（三尼を）迎入供養」とある精舎が縁起にいう桜井道場である可能性が強い。崇峻紀三（五九〇）年三月条には「学問尼善信等、自二百済一還、住二桜井寺一。」とある。「元興寺縁起」は推古天皇が豊聡耳皇子に命じて豊浦宮に桜井道場を遷し金堂・礼仏堂などを作ったと記す。これが豊浦寺であり、建興寺と名付けたとある。豊浦寺は発掘調査により、塔・金堂・講堂を配した伽藍配置が想定され、創建は飛鳥寺造営直後の七世紀初頭に遡るとの見解が出されている。下層にはさらに豊浦寺造営以前の、瓦を一切伴わない掘立柱建物の遺構があり、出土遺物から七世紀初頭と判定され「豊浦宮」との関連が示唆されている[7]。これはなお慎重な判断が必要であろうが、右調査報告からすると、推古朝に豊浦寺が豊浦宮に建てられたとする豊浦寺縁起説に根拠を与えるものといえる。これを以て他の記事の信憑性を判断することは出来ないが、三尼を初めに住まわせた施設として桜井道場なるものを想定することは可能かもしれない。ただこの桜井道場を『書紀』が「精舎」または「寺」として表記していることが問題である。建立の年がずれていることから異なった史料を元にしている可能性もある。しかし当初から「桜井道場」の呼称で呼ばれていたならば『書紀』もそのように表記したのではないだろうか。推古紀二年二月に「諸臣連等、各為二君親之恩一、競造二仏舎一。即是謂レ寺焉。」とあるのは、仏教施設の中心が仏舎つまり後の金堂にあったことを示すとともに、寺の呼称も定着していなかったことを推測させる。『書紀』が編纂時に桜井の施設に「道場」を用いず、「精舎」とか「桜井寺」としたのは創建当時「道場」と呼ばれていたことを疑わせる材料である。

華厳為本の体制と「伽藍縁起」

喜田貞吉氏は現存する法隆寺・元興寺・大安寺の縁起并流記資財帳の天平十九年提出に関して、天平十八（七四六）年十月十四日、勅をもって僧綱所に命じ諸大寺に提出させたものと指摘している[8]。喜田氏が「天平伽藍縁起并資財帳」と注目しているように、天平二十（七四八）年の資財帳末尾にひく僧綱牒には「立為二恒式一、以伝二遠代一者」とあって、これは毎年提出させている縁起并資財帳に対するものとは異なる「立為二恒式一」とするための特別な指示と考えられる。現存する三寺の縁起・資財帳は諸大寺が提出したものの一部が遺ったとみてよいのではなかろうか。問題は国家がなぜこの天平十九年提出の縁起・資財帳を「立為㆓恒式㆒、以伝㆓遠代㆒者」と指示して特別視したのかであろう。桜井道場や熊凝道場の登場もそのことと関係があるのではないかと考え、その点を考察したい。

天平二十年「立為㆓恒式㆒、以伝㆓遠代㆒者」という僧綱牒が出された翌年の天平勝宝元（七四九）年閏五月癸丑に『続日本紀』によれば次のような詔が出ている。

詔捨㆓大安。薬師。元興。興福。東大五寺。各絁五百疋。綿一千屯。布一千端。稲一十万束。墾田地一百町。法隆寺絁四百疋。綿一千屯。布八百端。稲一十万束。墾田地一百町。弘福。四天王二寺。各絁三百疋。綿一千屯。布六百端。稲一十万束。墾田地一百町。崇福。香山薬師。建興。法花四寺。各絁二百疋。布四百端。綿一千屯。稲一十万束。墾田地一百町㆒。因発㆓御願㆒曰。以㆓花厳経㆒為㆑本。一切大乗小乗。経律論抄疏章等。必為転読講説。悉令㆓尽竟㆒。遠限㆓日月㆒。窮㆓未来際㆒。今故以㆓茲資物㆒。敬捨㆓諸寺㆒。所㆑冀太上天皇沙弥勝満。諸仏擁護。法薬薫質。万病消除。寿命延長。一切所願。皆使㆓満足㆒。令㆓法久住㆒。抜㆓済群生㆒。天下太平。兆民快楽。法界有情共成㆓仏道㆒。

有名な華厳経を本とし大安寺以下十二箇寺に一切大小乗の経律論抄疏章等を備え無期限の転読講説を行うよう要求し、その供養料を寺格に応じて施捨したものである。表1はこの時の十二ヵ寺と供養料を示したもの、表2は本詔までに四大寺ないし五大寺として国家の法会催行を指定されてきた寺院の一覧である。かつて四大寺・五

表1　十二ヶ寺供養料一覧

対象寺院	施物	施田
大安寺・薬師寺・元興寺・興福寺・東大寺	絁五百疋、綿一千屯、布一千端、稲一十万束	一百町
法隆寺	絁四百疋、綿一千屯、布八百端、稲一十万束	一百町
弘福寺・四天王寺	絁三百疋、綿一千屯、布六百端、稲一十万束	一百町
崇福寺・香山薬師寺・建興寺・法華寺	絁二百疋、綿一千屯、布四百端、稲一十万束	一百町

著者作成

表2　四大寺・五大寺の変遷

No	西暦		法会	大安寺	元興寺	弘福寺	＊建興寺	＊坂田寺	薬師寺	興福寺	東大寺	法隆寺	四天王寺	山田寺	崇福寺	香山薬師	＊法花寺
1	685	天武14年9月丁卯	為天皇不予三日誦経	○	○	○											
2	686	朱鳥元年6月乙酉	天皇身不和、三綱律師、四寺和上・知事に布施	△	△	△			△								
3	686	朱鳥元年12月乙酉	奉為天皇設無遮大会於五寺	○	○	○	○	○									
4	703	大宝3年1月丁卯	奉為太上天皇、四寺設斎	○	○	○			○								
5	703	大宝3年2月癸卯	太上天皇七七、四大寺及四天王寺・山田寺等三十三寺	△	△	△			△				○	○			
6	703	大宝3年3月辛未	四大寺読大般若経。度百人	△	△	△			△								
7	703	大宝3年7月壬寅	四大寺読金光明経	△	△	△			△								
8	705	慶雲2年4月壬子	水旱、年穀不登、五大寺読金光明経	△	△	△			△				▲	▲			
9	715	霊亀元年6月癸亥	設斎於弘福・法隆二寺			○						○					
10	735	天平7年5月己卯	於宮中、四寺転読大般若経、為消除災害、安寧国家	○	○				○	○							
11	736	天平8年7月辛卯	太上天皇寝膳不予度百人、都下四大寺なのか行道	△	△				△	△							
12	740	天平12年12月乙丑	行幸志賀山寺礼仏												○		
13	744	天平16年11月壬申	甲賀寺始建体骨柱、四大寺衆僧僉集	△	△				△	△							
14	745	天平17年5月辛酉	於平城薬師寺、請集四大寺衆僧、問以何処為京	△	△				△	△							
15	745	天平17年5月乙丑	大安・薬師・元興・興福四寺令読大集経、自四月不雨	○	○				○	○							
16	748	天平20年4月壬戌	於大安寺誦経	○													
17	748	天平20年4月甲子	於山科寺誦経							○							
18	749	天平勝宝元年閏5月	諸寺布施、一切経論疏等転読・講説	○	○	○	○		○	○	○	○	○		○	○	○

＊は尼寺　▲新日本古典文学大系脚注がどちらかとする　△は推定

著者作成

大寺であっても今回の十二箇寺の撰に洩れた寺もあり、新たに加えられた寺もある。本詔は大仏開眼を前にして、華厳経を本とし東大寺を頂点とした国家仏教体制の再編を目指すきわめて重要な詔であると位置付けられている[9]。十二ヵ寺は国家の仏教政策を扶翼する寺として選ばれたと考えられる。この選定を行う資料となったのが天平十九年に諸寺が提出した縁起并流記資財帳ではないだろうか。

豊浦寺（建興寺）は朱鳥元（六八六）年十二月に天武天皇追悼の無遮大会に預かったのみで、長らく国家・王権による公的法会に関与していない。それが突如、天平勝宝元年の華厳経を本とする一切経体制を推進する中核寺院十二ヵ寺の一つに選ばれている。十二ヵ寺を見るとすべて王権と深い関わりをもつ寺々であり、その中に建興寺（豊浦寺）、法華寺のような尼寺が入っていることも特徴的で、国分尼寺との関係が考えられる。この選定に豊浦寺が預かったのは、寺の縁起の力が大きかったのではないかと推測される。あるいは国家の新しい仏教政策に呼応するように縁起が編纂されたとも考えられる。なぜならば本詔に見える「建興寺」は豊浦寺のことであるが、「建興寺」の名は現存史料では「元興寺縁起」の中にのみ見られる寺名である。尼寺の豊浦寺を僧寺の法興寺に対応して建興寺とすることが仏教伝来当初の名とするに相応しいという作為により、縁起に「建興寺」の名が採用され、それを受けて天平勝宝元年の華厳為本体制を示す勅施に豊浦寺が建興寺として登場したのではないだろうか。寺院縁起は天武紀八（六七九）年夏四月乙卯条に「商下量諸有二食封一寺所由上、而可レ加々之、可レ除々之。是日、定二諸寺名一也。」とあり、この詔により諸寺は「寺所由」を作成したことであろう。今回提出された縁起がそうしたものを基として作成されたであろうことは十分想像されるが、新たな仏教情勢を意識して手が加えられた可能性も十分考えられる。

『書紀』では三尼の出家、精舎の建立は専ら蘇我馬子の主導により行われたと記すが、「元興寺縁起」では三尼の出家、道場建立は推古天皇や豊聡耳皇子の主導で行われたと記している。豊浦寺の起源を縁起提出当時既に成立していた太子信仰や推古天皇と結び付けて語ったことと豊浦寺が建興寺と称して十二ヵ寺の撰に入ったことと無関係といえるだろうか。豊浦寺縁起と元興寺縁起の関係、また元興寺縁起の複雑な構成には未解明な部分が多く、ここで簡単に一つの見解を出すことは慎まれるが、「天平伽藍縁起併資財帳」の提出が十二ヵ寺選定の前提になったとの推測が許されるならば、「桜井道場」の呼称も創建当時からの呼称と見るよりは、推古天皇や豊聡耳皇子の建立関与伝承と同様潤色された呼称ではなかったかと思う。後述するが、「道場」が仏教施設として公認されてくるのは天平期に入ってからと考えられ、修行中心の質素な仏教施設という肯定的なイメージが定着していたことを前提とする用語ではないだろうか。

道慈と熊凝道場

「元興寺縁起」が前述したように成立年、内容ともに疑義をもたれているのに対して、「大安寺縁起」については『寧楽遺文』の解説に「字面に大安寺印五百二十五町を踏し、作成当時、又はそれに近い時代の原本である」とあり、以後この点について疑義は出されていないようである。縁起によれば、大安寺の起りは廐戸皇子が熊凝村に建立した道場にあり、皇子の遺志を受けた舒明天皇（田村皇子）が遷して百済大寺とし、さらに天武天皇がそれを継承して高市大寺を建立し、遷して大官大寺となり、文武・聖武両天皇により大安寺に引き継がれ、代々の勅願寺であったという変遷を語っている。「大安寺縁起」におけるこの熊凝道場草創説話についてはその信憑性を巡って諸説論じられてきた。まず福山敏男氏が鎌倉時代成立の『聖徳太子伝私記』に「熊凝寺〈同（大和）国平群郡額（田）部郷額田寺今額安寺也今大安寺之本寺也〉」と記す熊凝寺を太子建立とすることも、それが平群郡額田部郷に存在する額田寺の前身であったとすることも後世の偽作であり、従って「大安寺縁起」に大安寺の濫觴が熊凝道場にあったとすることも歴史的事実ではないと退けている。[10] その後福山氏の指摘を受け熊凝草創説をめぐる論が積み重ねられているが、星野良史氏が論点を整理、継承した上で説話の生成について一つの結論を提示している。[11] 氏は当該説話の構成、用語の特徴等を精査し、二つの縁起が合成されていると指摘、「大安寺縁起」熊凝道場草創説話は額安寺縁起を粉本とし、道慈によって大安寺草創縁起に改作・吸収されたとの解釈を示した。推古天皇の養育に深く関わった額田部氏が本貫地である熊凝村に氏寺を建立し、その草創縁起に推古天皇と厩戸皇子が関わったとする熊凝道場説話を作り出した。これ自体が歴史的事実とは言い難い。額田氏出身で大安寺に止住し再建にも関わって多大な貢献をした道慈が額田寺と大安寺の縁起を結び付け、聖徳太子尊崇の風潮の中で両寺の草創を太子とした。星野氏は天平縁起に道慈が関わったとする福山説を支持している。熊凝道場に由来するという大安寺縁起の形成を縁起文の構成から論じ、生成過程を追った星野説は説得力がある。道慈は天平一六（七四四）年に遷化しているが、諸寺に対する資財帳の提出は霊亀二（七一六）年より毎年義務付けられていたことからすれば、[12] 遷化以前に大安寺縁起が道慈によって現存の形に編纂されたことはあり得ることである。天平十九年の大安寺資財帳には禅院の記載があり、道慈が再建した時に建てられた可能性が高い。同年提出の法隆寺資財帳には禅院は見えず、或いは禅行を重視した道慈の見識を窺わせるものかもしれない。「熊凝道場」の呼称は、禅行を重視する道慈の僧尼観と仏法重視の聖徳太子信仰が結び付いて成立したものではないかとの仮説を提示しておきたい。

仏舎・精舎・道場

奈良時代以前の仏教施設が何と呼ばれていたか検討を加え、その点からも伝承の「道場」の是非を検討しておきたい。そこでまず対象となるのが『日本書紀』推古二（五九四）年二月丙寅朔条である。

詔㆓皇太子及大臣㆒、令㆑興㆓隆三宝㆒。是時、諸臣連等、各為㆓君親之恩㆒、競造㆓仏舎㆒。即是謂㆑寺焉。

「仏舎」つまり仏像を安置する舎（おほとの）とはとりもなおさず『書紀』編纂時の「寺」であるという。ここに古代の「寺」に対する認識が端的に語られている[13]。これは天武紀十四（六八五）年三月壬申条「壬申、詔、諸国毎㆑家、作㆓仏舎㆒、乃置㆓仏像及経㆒、以礼拝供養。」とも重なる。「諸国毎家」が何を指しているかで長年議論され決着がついていないが、ここでは研究史を整理し、近年の考古学上の成果を踏まえた三舟隆之氏の見解、「諸国豪族を対象に造寺を促した詔」と解しておきたい[14]。天武天皇の詔では「仏舎」が仏像及び経を置き、礼拝供養する所とされている。まさにこの「仏舎」が「寺」であり、奈良時代以前の寺の概念であったと思われる。推古二年の詔により、推古三十二（六二四）年には「寺四十六所」が建立され、これは飛鳥時代の畿内寺院遺跡数に相応するという。また、天武十四年詔も諸国に浸透し、『扶桑略記』は白鳳期寺院を「五百四十寺」と記し、全国分布の白鳳寺院遺跡は七百三十にのぼるという。またこれら遺跡は金堂・講堂・塔・中門・回廊等をもつ伽藍形式の寺院であったこともこの期の地方寺院の特徴として指摘している。[15]国家の仏教興隆政策は、まずは新文明の象徴である寺院建立政策であった。そして寺院における礼仏・供養、法会としての読経・設斎が仏教活動であり、そのため伽藍は必須の空間とされた。仏教活動に携わる専門職としての僧尼の身分を保障するものとして戒律が重視された。戒律こそが浄行者である僧尼身分の証として天皇と国家から要求されたといえよう。[16]

法興寺の建立以来一貫して仏教施設とは金堂を中心とした伽藍形式の寺を意味し、寺または仏舎と呼ばれた。『日本書紀』で最初の出家者である三尼が住んだ所を精舎としたのは寺とも仏舎とも呼べない簡素な施設だったからであろう。『書紀』には「道場」の語は見られない。では「道場」とはいかなる施設であろうか。先述した『令集解』は僧尼令・非寺院条の解釈で「道場」を「道場謂二修道之場一也」としているが、では道場での修道とは具体的に何であろうか。村中祐生氏は仏教の思想や信仰の主体的実践の姿は修行にあるとして、修行の場である道場の形成を古代仏教史のなかに追究した。[17]氏は川原寺に三面僧房の遺構が存在すること、「大安寺資財帳」に僧房十三条や禅院が存在したことに注目し、白鳳から天平にかけて寺院の機能が分化し「僧房は学解や居住の用に、禅院はおそらく修行の専用に供せられたものであろう」としている。また氏は禅院の先蹤が道昭の禅院にあったことを指摘しているが、これについては次節でくわしく考察したいと思う。村中氏は天台教学の重視する止観行が最澄によって打ち立てられる前段階での古代仏教史における修行の跡を追い、道場の出現に注目されているが、道場での修行が禅行であり、仏道に志す者にとって不可欠と指摘している。鑑真の渡日にともない東大寺には戒壇院と同時期に唐禅院が建立されるが『続東大寺要録』は「依レ勅被レ建二和尚修練之道場一号二唐禅院一」と記している。道場とは即ち禅院であるという当時の認識が窺える。

「桜井道場」「熊凝道場」は「華厳経為本」の一切経体制を視野に入れた天平十九年提出の伽藍縁起に登場する。両者とも仏教信仰篤かった聖徳太子が関わる仏教施設を「道場」と称している。「道場」概念が意識されるのは次節で考察するが道昭帰国後の白鳳期と見てよいと考えられる。現存「元興寺縁起」「大安寺縁起」が推古朝の施設に「道場」の語を用いたのは創建時の呼称ではなく、編纂者の意識によって、質素で修行中心の施設という印象をもたせるために「道場」の語を用いたのではないかということを結論としたい。

第二節　「大宝僧尼令」における「道場」

寺院に拘束される僧尼

「道場」という語の史料上の初見は大宝元（七〇一）年発布の「大宝僧尼令」の「非寺院条」冒頭の一文である。『大宝令』は現存していないので、正確には『令集解』古記による復原であるが、そこに次の一文があったことが確実視されている。[18]「別立二道場一。聚レ衆教化。并妄説二罪福一。殴二撃長宿一者。」またこの条文は『令義解』本文では左のようになっており、これは「養老僧尼令」非寺院条前半の文と認められている。

凡僧尼。非レ在二寺院一。別立二道場一。聚レ衆教化。并妄説二罪福一。殴二撃長宿一者。皆還俗。

「養老僧尼令」の文末にある「皆還俗」が『大宝令』に存在したかどうか「古記」からは不明であるが、何らかの罰則規定の表現が存在したことは間違いない。「僧尼令」は唐の「道僧格」を範として作成されているが、非寺院条は「道僧格」に該当文が存在しないと見られている。[19] また煬帝の時、寺の呼称を道場と改めさせた中国の歴史において、単純な道場建立禁止の条文や、僧尼の寺院外活動を一律に禁ずる格が存在したことは考えにくい。したがって本条は日本古代の現実的な状況から律令制定者が独自に必要と判断して条文化したと考えてよいであろう。本条の淵源として『日本書紀』天武天皇八（六七九）年十月是月条の勅が関連ありとするのが通説である。すなわち、

勅曰、凡諸僧尼者、常住二寺内一、以護二三宝一。然或及レ老、或患レ病、其永臥二狭房一、久苦二老病一者、進止不レ便、淨地亦穢。是以、自レ今以後、各就二親族及篤信者一、而立二一二舎屋于間処一、老者養レ身、病者服レ薬。

右勅の趣旨は諸僧尼が常に寺内に住して三宝を護ることを前提にして、寺内の清浄を守り、老病僧尼の便宜のためにも僧尼は僧坊より退去し、別の屋舎での養生・養老を命じた勅である。仏典では心の穢れ（煩悩）を排して清浄を希求せよと説くが、宗教的場に清浄性を求めるところは日本的といえようか。この勅では僧尼に対する「常住寺内」の原則がこれ以前に成立していたということが重要である。律令国家体制を整える過程での天武天皇の仏教政策、僧尼観が出ているといえるであろう。

同年同月には僧尼に関する次の勅も出ており、天武朝の僧尼観を見る上で併せて考えておく必要がある。すなわち、「庚申、勅制下僧尼等威儀及法服之色、并馬従者往二来巷閭一之状上。」この勅の後半も「養老僧尼令」遇三位已上条に次のように具体化されており、「大宝令」にも基本的に同趣旨の条文が存在していたことがわかっている。すなわち、「凡僧尼。於二道路一遇二三位以上一者隠。五位以上。斂レ馬相揖而過。若歩者隠。」本条も「道僧格」には存在しない規定であり、日本独自の僧尼観から条文化されたものといえよう。本条は明らかに律令官僚としての貴族の儀礼秩序の中に、出家の僧尼をくみこんでおり、「隠れよ」という規定は「儀制令」の俗官人の儀礼にもみられない厳しい規定である。[20] 天武八年十月庚申の「馬従者往来巷閭之状」が具体的にどのような内容であったか不明であるが、天武紀八年正月戊子には諸王・諸臣・百寮の拝礼に関する詔が出ており、一連の儀礼整備による律令社会とりわけ中央貴族官人の身分秩序がここで成立したことがわかる。その最後に僧尼に対して出された二箇条の勅は、僧尼が天皇及び律令国家に奉仕する者、つまり律令官人に準じる者として把握されたことを意味している。これは唐代に私度が厳禁されたり、「道僧格」の制定により僧尼への統制が強まったとしても、中国と日本の顕著な僧尼観の相違を示すものとして注意したい。中国においては皇帝の意向により残虐な排仏政策がとられることはあっても、僧尼は基本的に皇帝に仕える以前に仏法に仕える者という前提があった。[21] 早くより「高僧伝」をもち、その中には出世間者を率いる者の自負をもって世俗皇帝権力と対峙した慧遠のような僧たちの存在があった歴史と、はじめから支配層である豪族や天皇（大王）に仕える存在として養成された日本古代僧尼の立場とは著しい相違があり、僧尼の自立性、主体性を考える時認識しておかなければならないことと思う。

衆生教化の場としての道場の登場

ここで問題となるのは天武八年頃存在した「常住寺内」という原則が「大宝僧尼令」にいたり「非レ在二寺院一。別立二道場一。聚レ衆教化。并妄説二罪福一。」という具体的違反条件が盛り込まれることとなった歴史的背景である。「養老僧尼令」では違反の僧尼に対して「還俗」という最も厳しい俗権による処罰を科すことになっている。還俗という処罰が実際にどこまで実施されたかは別としても、この規定が僧尼の意識に対して強い規制力となったことは間違いない。「常住寺内」とは、寺院内で戒律を遵守し、浄行者としての生活を守り、経典の読誦と学習に励み、律令国家や王侯貴族の法会、祈願等に奉仕することを僧尼に要求したものである。大宝令にいたって「別立二道場一。聚レ衆教化。」ないし「妄説二罪福一」といった具体的な禁止条項が加わってくるのは、国家の仏教政策上この条文を入れる必要が起こってきたからであろう。そこで想起されるのが、『続日本紀』文武四（七〇〇）年三月の道昭伝にある帰国後の禅院の設立、天下行業の徒への禅の普及、天下周遊して井を穿ち、諸津済に船を儲け橋を渡したという活動である。道昭伝は他に『霊異記』上巻第二十二に見え、「遍遊二諸方一、弘レ法化レ物、遂住二禅院一、為二諸弟子一演二暢所レ請衆経要義一」とある。『霊異記』が臨終に侍したとする知調は飛鳥池遺跡出土の木簡に名が見え、『霊異記』は独自の史料に基づいた伝記と見なすことができる。両者に共通するのは諸方周遊し弘法と穿井・架橋などの事業を行ったことである。

天平三（七三一）年行基は山背国乙訓郡山崎郷に山埼院を建て、山崎橋を築いている。古老より昔道昭がここに橋を渡し、河中の柱はその名残であると聞いたことがきっかけだったと『行基年譜』は記す。近年の発掘調査により出土瓦を考察した花谷浩氏によれば山崎廃寺の創建は七世紀中頃と推測し、また飛鳥寺・東南禅院の軒瓦と同范のものが出土しているという。[22]近藤康司氏が指摘するように、道昭は山崎橋を渡すとともに行基以前にここに道場を建てた可能性が強い。[23]前章で考察したように、道昭の仏教活動の背景に玄奘教授の大乗思想を読むことができるが、行基の先蹤となった道昭の天下周遊も当然山崎院のような道場の建設と説教による仏法の流布を推測することができる。天下周遊十有余年を文字通りに取るとすれば、各地での道昭の禅行の流布、『瑜伽論』「菩薩地」を中心とした大乗菩薩行の教化は少なからぬ僧達に影響を与えたことも推測される。また、穿井・架橋などに与力した人々を想定するとき、船氏の後援も想定されるが、道昭の教説に共鳴した道俗の参加も考える余地があるであろう。こうした道昭の民間での活動の拡大、影響力の浸透が当時の国家の仏教観・僧尼観と相容れなかったことも容易に想像できる。

飛鳥池遺跡の仏教関係木簡に関する研究においては、最新・正確な経典を将来した道昭が飛鳥寺三綱と一体となって天武天皇の一切経収集事業や国家の仏教事業に貢献したことを指摘した論考が多い。遣唐留学僧であった道昭の負った重要な一面であるが、同時に天皇・国家の仏教政策に反して天下を周遊し、衆生救済の教化事業に当たった大乗思想の実践者としての一面を見のがしてはならないと思う。「大菩薩被」の木簡は、確定はできないが、道昭が「大菩薩」と呼ばれていた可能性を示す。菩薩の呼称は大乗思想と密接不可分といえるからである。

道昭の禅院での活動

飛鳥池遺跡北地区からは「法華経」「多心経」「観世音経」等の経典名木簡が出土している。「多心経」は諸説一致して玄奘訳「般若波羅蜜多心経」のこととされている。また「□多心経百合三百〔∩∪〕」（表）は般若心経百巻と他の経典合わせて三百巻の書写を要請した文書木簡と解されている。新川登亀男氏は他の二百巻を観世音経と推測の上、両経の共通点として①一巻本の短い経典②人々を一切の苦しみから解放することを説く③「般若心経」冒頭の観自在菩薩は観世音菩薩の玄奘新訳名であり、「観世音経」「般若心経」ともに観音の救済を説く④菩薩の「智恵」による救済を説く。以上四点を挙げた。[24] 氏の指摘した②〜④は大乗仏教思想の特質を明確に語るもので、道昭の依拠した思想や布教活動の内容を伝えるものと見ることができる。特に「般若心経」は観自在菩薩が菩薩の六波羅蜜の修行のうちの般若波羅蜜多（煩悩からの解放により真実を見る智慧を獲得するための修行）により「一切空」の真実を悟ったとするもので、「観自在菩薩」という玄奘訳は「観自在」つまり禅定修行の意義を説くものとしてもふさわしい訳と考えられ、禅院での禅行やその普及の為に書写されたのではないだろうか。[25] 玄奘が新訳したのはサンスクリットの原義に忠実であろうとしたことによると思われるが、[26] 同時に観行の重視がつたわる。唯識の始原を示す経典といわれる玄奘訳『解深密経』第十六巻にも観自在菩薩が登場し、世尊との問答を通じて「波羅蜜多」の重要性を説いているが、ここでも自他饒益、有情饒益のためという大乗思想が前提となっている。

飛鳥池遺跡からは寺名を連ねた「軽寺・波（般）若寺・瀆（池）尻寺・日置寺・春日ア（部）・矢口・石上寺・立ア（部）・山本・平君（平群）・龍門・吉野」という木簡も出土している。寺名より立地と縁起を詳細に考察し、この寺名木簡は禅院で写経した経典の配布先リストのメモないし掲示板であった可能性が高いと指摘した伊藤敬太郎・竹内亮氏の論考がある。[27] 軽寺は四天王寺式伽藍配置をもち、朱鳥元（六八六）年封百戸を受ける大寺、龍門寺は創建当時、龍門滝近くの草堂的修行道場であったろうとしている。また吉野（比蘇）寺のように山林修行の拠点として知られる山岳寺院もある。[28] 波（般）若寺と瀆（池）尻寺は尼寺という。これらの寺院はすべて大和国内にある中小寺院という共通点をもち、国家の要請に応じて大法会を補完する僧尼派遣に対応するため、経典の学習・読誦が必要であり、禅院からの経典書写を受ける必要があった。寺名木簡はその送付先リストと考えられると伊藤・竹内両氏は考察した。寺名が書写経典の送付先リストという推測は、最新にして正確な経典を多数所持した禅院の性格からも首肯されるが、大法会を補完する僧尼派遣にそなえた経典学習のためという理由は可能性の一を示すもので、あるいは道昭の下で禅を学んだ「天下行業之徒」が止住した寺ないし山林道場での新たな経典学修のための書写依頼に応じるメモとも考えられるのではなかろうか。龍門・吉野といった禅修に相応しい山林寺院の存在もその推測を強める一助である。いずれにしろ木簡から判明する大量の書写や特殊な幾多の寺院名は道昭の影響力の大きさを示すものであろう。

　道昭の将来した経典が飛鳥寺の管轄下ではなく禅院の所管するものであったことは元興寺移転前に禅院が平城右京に移転するとともに、経論も禅院が所蔵したことからわかる。『三代実録』元慶元（八七七）年十二月十六日条はその経緯を次のように記している。

　以二禪院寺一爲二元興寺別院一。禪院寺者、遣唐留學僧道照、還レ此之後、壬戌年三月、創二建於本元興寺東南隅一、和銅四年八月移二建平城京一也。道照法師本願記曰。眞身舍利、一切經論、安二置一處一、流通萬代、以爲二一切衆生所依之處一焉。

玄奘の送別の辞として『続日本紀』文武四年三月己未条の道昭伝は「人能弘レ道。今以二斯文一附属。」と伝え、『霊異記』は「是人還更将レ化二多人一」と伝えている。道昭の本願記なるものは伝わっていないが、「流通萬代、以爲二一切衆生所依之處一焉」には玄奘の辞にも通じる大乗の原則を窺うことができる。禅院からの経論借り出しの記録は正倉院文書に残るのみであるが(29)、一切衆生の所依となるべく九世紀末まで独自に禅院寺に保管されてきたのではないだろうか。

『続日本紀』道昭伝の「有二勅請一還。々二住禅院一」の勅の時期と意味をめぐっては二説あり決定的な根拠を示すことはできない。一説はこれを「寺内常住」とかかわる勅の出た天武八（六七九）年前後ないしは飛鳥寺において一切経完成の設斎を行った天武六（六七七）年頃とみる説である。他の一説は文武二年薬師寺の繍仏開眼供養の講師をつとめ、大僧都任命が契機だったとする説である。後者の説については、興福寺叢書『僧綱補任』は道服としており、疑問が残る。筆者は前者をとりたい。以後道昭が周遊をやめ、禅院に常住することとなった背景には民間布教を好ましからずとする国家の意志があったことも考えられるのではないだろうか。

道場活動を禁ずる僧尼令の成立

以上道昭の実践が大乗精神に貫かれていたこと、禅院での教授や天下周遊による教化が時間的にも空間的にもかなりの範囲に及んだことから考えると、道昭の蒔いた種は『瑜伽論』「菩薩地」の説く大乗菩薩行を目指す僧尼を少なからず育てることとなったであろう。

仏教界に起こった「非レ在二寺院一。別立二道場一。聚レ衆教化。并妄説二罪福一。」という新しい萌芽に対して、国家の仏教政策に反する活動として脅威を抱いた律令国家は「大宝僧尼令」において僧尼の寺院外活動を禁止する条項を設けたのではないだろうか。「僧尼令」禅行条には「凡僧尼。有二禅行修道一。意楽二寂静一。不レ交二於俗一。欲下求二山居一服餌上者。三綱連署。」とあり山林での禅修行は三綱が上級官司に届けた上で許可制となっている。本条も道僧格にはない規定とされている。山林での禅行は本来俗に交わらず瞑想に集中するものであるにもかかわらず、わざわざ俗人との交流禁止を明記し、他の山寺への移動も禁じているのは僧尼の寺院寂居と同じ意識から出た統制と考えられる。日本における禅行は道昭から始まったといってよく、『令集解』古記による復原により「大宝令」段階でこうした禅行に対する規制が成立してくる背景にはやはり道昭に発する僧尼の現実的な活動があったからではないだろうか。

経済・政治・文化のすべてが天皇・王権を中心とした中央貴族の支配に収斂する強力な律令国家体制の創造をめざしたこの時期に、仏教も支配層の独占物とされた。また近年の古代仏教史研究では、欽明朝より奈良時代に至るまで、国家は一貫して仏教教義のもつ戒律を重視したとの説が出されている。戒律を重視することで出家僧の清浄性を確保し仏事における呪的能力を高めようとしたとすれば、そうした点からも俗との交わりを嫌ったことが考えられる。いずれにしても僧尼の独自活動を厳しく禁じたことは中国での仏教界のありかたとは異なる日本独自の仏教政策の特徴である。国家に奉仕すべき僧尼が勝手に経典の教えに基づいて衆生救済活動に赴くことは国家にとって想定外のことであった。道昭はそのような時代に、玄奘より大乗の勝義を説かれ、禅定修行と一体となった唯識観への確信から、禅を教え、天下布教に乗り出したと推測される。その実践が契機となってきわめて日本的な僧尼令「非寺院条」「禅行条」が成立したのではないかということを道場の成立の問題と関わらせて考察した。日本古代において戒律生活の場ではなく修行生活の場である「道場」と云う語が登場するのは、修行重視の大乗仏教が自覚的に受容された道昭の禅院設立以後のことと考えられる。

第三節　『日本霊異記』の道場法師

仏教説話集である『日本霊異記』には、寺・山寺・堂といった仏教施設が登場し、そこを舞台として善報・悪報の因果譚が繰り広げられている。直木孝次郎氏は早くその「堂」に注目し、村落での生活に密着した民間仏教の様相が「堂」に見られることを指摘した。氏の論考は以後の民間における仏教施設研究の基礎となっている。[30]その後、考古学上の発掘成果による知見と相まって、在地での仏教施設の検討は「堂」を中心に精緻を加えてきた。[31]しかし『霊異記』道場の実態については、直木氏が修行中心の施設と指摘されたことや、石母田正氏が行基との関連を示唆されたことにとどまってきた。そこで改めて『霊異記』に登場する「道場」について取り上げたいと思う。

道場法師説話

『霊異記』において「道場」の語は九例あるが、そのうち四例が「道場法師」の説話に関わる「道場」例である。他の一例は第一節で取り上げた豊浦寺をさして「道場」としている。残る四例については四節で取り上げるので、ここでは「道場法師」の「道場」という呼称について検討を加えることとしたい。

道場法師の名が登場する上巻第三、中巻第四、第二十六話は力人・力女の一連の説話として『霊異記』研究では「道場法師系説話」と呼ばれている。美濃の農夫が雷神を助けた報恩に怪力の子を授かりやがて元興寺の童子となって鬼退治をしたり、寺と王族との水争いに持ち前の怪力を発揮して活躍、衆僧に認められて出家、「道場法師」と呼ばれるようになったという話を収める上巻第三話、その孫娘である力女の活躍する中巻第四、第二十六話である。『霊異記』では怪力の持ち主の前世からの因縁・霊異に力点が置かれているが、上巻第三話の道場法師譚は『日本霊異記』『本朝文粋』『打聞集』『扶桑略記』『水鏡』『太子伝古今目録抄』『日本高僧伝要文抄』『神明鏡』等に収載されて関心の高い説話である。諸書の道場法師説話を分析した松倉文比古氏は、道場法師への関心が雷神奇胎説話と鬼退治説話に集中していると指摘した[32]。つまり元興寺の水争いに活躍した道場法師譚を収めるのは『霊異記』のみという興味深い結果が窺える。そこでこの道場法師説話を七世紀の飛鳥地方の開発の問題として考察した和田萃氏の論考に学びながら「道場」の由来について検討してみたい[33]。

「道場法師」の道場を道昭・道鏡・道行といった法名とみる解釈と、道場を一般名詞と見、「道場の法師」というような敬愛をこめた通称ととる見解がある。前記『日本高僧伝要文抄』などは前者の見解に立って道場法師譚を収載したと思われる。後者の可能性はどうであろうか。『霊異記』では道場法師の名の直接の由来を次のように記している。

故寺衆僧、聴令二得度出家一、名号二道場法師一、後世人伝謂二元興寺道場法師強力多有一是也

この表現は下巻第一話で禅師永興についての名の由来を語る次の表現と類似する。

有二禅師永興一、化二海辺之人一、時人貴二其行一、故美称二菩薩一、従二天皇城一有レ南故、号曰二南菩薩一

つまり永興禅師が時の人から「南菩薩」と親しみを込めた敬称で呼ばれたように、「名号二道場法師一」も道場法師の出家時の法名ととるよりも時の人が道場法師と敬意を込めて呼んだことを表しているととる方が自然ではないだろうか。時の人、また後世の人が法師という敬意を込めて呼ぶようになった事情が省略された説話的表現ととれる。その立場からなぜ「道場法師」と呼ばれるようになったかを考察してみたい。

飛鳥川の開発と道場法師

飛鳥川旧木葉堰を中心としてこの地域の開発の様相を論じた和田萃氏は、『霊異記』道場法師説話の成立に関しても興味深い指摘をしている。氏は旧木葉堰は小字「木ノ葉」名を今に遺す弥勒石の付近に造築されたと考察し、弥勒石が置かれたのは元興寺周辺に寺田が設定される七世紀後半であり、その頃に道場法師が元興寺の水争

いに貢献するという説話が成立したのではないかとした。道場法師の名の由来は、弥勒石の近くに小字「道場」の地があり、発掘の結果最下層第四遺構面より、伽藍の存在を示す遺構・遺物が確認されており、元興寺に関係深い寺院と見てよい。これが道場の地名となり道場法師の伝承を生み出したと推測している。七世紀後半、道場の側に弥勒石を据え、元興寺の水争いに有利な状況を作った人物を「道場法師」として伝承したというのが和田氏の見解である。

和田氏の論考は道場法師の説話を具体的な飛鳥の開発史の中に置き、周辺の小字名より場所を特定して説話成立の背景を歴史的に明らかにされているところ学ぶべきものが大きい。ただ小字名「道場」の地から発掘された伽藍遺跡を「道場」とされたことには直ちに従いがたく、次のように推測した。和田氏が判断された伽藍の規模は不明であるが、「伽藍」の呼称と「道場」の呼称は当時区別されていること、「道場」の初見が大宝令であることを考察した前説の結論からすれば「伽藍」即「道場」とするのは難しいと思う。七世紀後半に飛鳥の地に存在した「道場」といえば、道昭の建てた禅院を想定するのが自然ではなかろうか。道昭の禅院こそ道場の嚆矢といってよい。しかし禅院が道場と呼ばれたという史料は残念ながら遺っていない。むしろこの道場法師説話こそ禅院が道場と人々からは呼ばれていたことを証するものではなかろうか。『霊異記』の表現も「元興寺道場法師」としており、これは道昭の禅院がまだ元興寺東南隅に存在した時代に成立した説話ということを語っているのではなかろうか。

和田氏は弥勒石を『霊異記』道場法師説話に「優婆塞亦取㆓百人引石㆒、塞㆓於水門㆒」とある「百人引石」に比定した。和田氏の指摘により説話の水争いは俄然歴史的現実性をおびたといえよう。百人という人の動員の方法や、巨石を引いてきて据える技術に、道昭の天下周遊、教化のための船津や橋の建設で学んだ影響が考えられないだろうか。その逆であったかもしれないが。優婆塞は出家の後禅院に住み、修行しながら、道昭の教えに従い人々の教化に尽くしたために道場法師と敬意をもって呼ばれるようになったのではないだろうか。小字「道場」の名も道場法師の据えた石に因んで後につけられたと推測する。今は摩滅して仏像の面影もない方形に近い石をかつて弥勒石と呼んだということも禅院道場との関連を思わせる。道昭の伝えた瑜伽唯識の信奉者の間では、弥勒菩薩が唯識思想を大成したとする絶大な信仰がある。『瑜伽師地論』の作者をチベット訳では世親とするが、玄奘は弥勒菩薩とした。玄奘自身、兜率天往生を願い、『大唐西域記』にも弥勒菩薩への敬虔な信仰を記している[34]。憶測の域を出ないが「道場法師」と「弥勒石」は道昭禅院を媒介にすると関連が浮かび上がる。そして何よりも「道場法師」とは禅院に所属して道昭の教えの下に活躍した僧の伝承を元興寺の説話の中に組み込んで成立したものではないだろうか。

道昭の禅院を「道場」と称している直接の史料は今の所存在しない。しかし「道場」での修行の中心が禅行であることを考えるとき、禅院の成立と禅行の普及が「道場」という仏教施設の呼称を生み出したと考えられる。大宝僧尼令が「道場」の初見史料であるという歴史的背景には道昭の活動があったのではないかという推測のもとにその傍証として「道場法師」の名の由来を考察した次第である。

第四節　道場・弥気山室堂

道場・慈氏禅定堂

『霊異記』下巻十七話、二十八話はともに紀伊国の「道場」が舞台となっており、両説話には状況設定、テーマ、話の展開等に共通点が多い。すなわち

①舞台はともに紀伊国で、村人が私に造った「堂」ないし「寺」である。

②ともに「道場」ともいわれている。

③本尊は弥勒菩薩である。

④仏像が欠損により悲鳴を発し、旅人の病苦による呻き声に聞こえた。

⑤堂に常住する行者が道心により心を痛め、檀越・知識により円満な形を得、供養される。

『霊異記』は因果を説く仏教説話で、類型化した主題も多い。たとえば損傷された仏像や未完成の素材が悲鳴をあげ、手当を受けて安置されるという類話も多い。その中で下巻十七、二十八話は右に示したように多くの共通した要素で構成され、表現も似ており同じ集団によって生み出された説話ではないかと推測させるものがある。そこでまず下巻第十七話の「弥気山室堂」について検討を加え両者の共通点の多い意味を考察してみたい。

下巻第十七話は冒頭主人公沙弥信行が紀伊国那賀郡弥気里の人と出自を紹介した後、次の一文が続く。

其里有二一道場一　号二弥気山室堂一　其村人等　造二私之堂一　故以為レ字〈法名曰二慈氏禅定堂一〉

作者景戒は薬師寺の伝燈住位僧であるから、短編の説話においてどのような仏教施設で話が展開するか、説話と舞台の必然的な関係を十分考慮に入れているであろう。村人が弥気山室堂と呼んだところを「道場」と紹介しているのは当時の読者がそれだけで一定のイメージをもつことを前提としていると思われる。弥気山室堂が道場であったということが景戒の認識では重要と見たい。それを補うかの如く割り注で慈氏禅定堂という法名を記している。割り注がどの段階でつけられたか問題であるが、『霊異記』の割り注を検討した黒沢幸三氏は割り注が主として道場法師系説話と紀伊国関係の説話に多く、世間に事実としてあったことを印象付けるため作者の手によりつけられたものであろうと考察している。[35] 弥気山室堂は村人を知識として建てられた禅定修行を宗とする道場であり、同時に主人公の私度沙弥が鐘をついて時を知らせるなど村人の生活に何らかの利益をもたらしているために存続しているのであろう。未完の仏像を村人が知識となって完成したことも村人と道場とのつながりを思わせる。

天平期の慈氏信仰

そこで法名慈氏禅定堂の意味を考えたい。慈氏は弥勒菩薩の漢訳名である。道場の本尊が弥勒菩薩であることも道場建立を指導した仏教者の信仰や思想を窺わせる。前節でも禅院と弥勒の関係に触れたが、この時期の慈氏信仰の特殊な一面について注目する必要があると思う。[36] 天平期の慈氏信仰の例は写経史料に遺っている。その一は「慈姓知識経」と呼ばれる天平七（七三五）年『瑜伽師地論』を書写した奥跋にみえる。『日本写経綜鑒』によれば現存八十二巻とあるので、当初は全百巻の書写が存した可能性がある。巻八・九に左のような奥跋がある。

天平七年歳次乙亥八月十四日写了書写師慈氏弟子三宅連人成本名今受慈氏弟子慈霊、檀越慈氏弟子慈姓本名三神智茗呂

（巻五二、五四、五五、五七）慈氏弟子慈昭本名建部木万呂
（巻六三、六四、六五）慈氏弟子慈勒本名荒城臣多都乎、
（巻六六、六八、六九）慈氏弟子慈通本名難波部首益人、
（巻九〇）慈氏弟子慈勢、
（巻九一、九二、九三、九四、九五）慈氏弟子優婆塞慈法本名大石主寸豊国
（巻九六、九九）慈氏弟子優婆塞慈信本名赤染乎麿

右はすべて天平七（七三五）年八月書写ということである。『瑜伽師地論』書写のために作者である弥勒菩薩への信仰から弥勒の弟子を名乗り、弥勒に因む法名をつけて知識を結んだことがわかる。似たような例として「近事瑜行知識経」と呼ばれる『解深密経』巻五の写経が同じく『日本写経綜鑒』に載っている。奥跋は左のようである。

願主近事瑜行知識並弐拾壱人〈近事九人那十二人〉
近恩明　深満　解行　道内　足広　法道　解満
恩澤　近那　瑜成　主近　深恵　深福
深妙　深法　報貴　深行　深智　道精
恩信　深満
天平勝宝元年十月廿一日書写観法

右も願主の近事（優婆塞）の瑜行以下近那（優婆夷）も『解深密経』の中の一字を法名とすることで、経典への帰依や知識としての連帯感を表していると見られる。『解深密経』は唯識思想を最初に説いた経典であるが、瑜行・瑜成といった法名は瑜伽（禅）行を重んじる瑜伽行派によって『解深密経』が作られたということを何ほどか踏まえた法名と思われる。経典や作者への帰依を法名とした写経は他に例を見ない[37]。天平時代を中心としたこの時期の、いわば瑜伽唯識派とも呼ぶべき知識たちの、経典や作者に対する特別な信仰心を窺わせ、背後にそうした教えを説きながら布教活動をする仏教者の存在を窺わせるものがある。

「慈氏禅定堂」も天平期の慈氏信仰の文脈に置いて見るとき、瑜伽唯識派の弥勒信仰から出た法名ではないかと推測される。『霊異記』下巻十七話は宝亀二年の出来事としているが、実はこの弥気山室堂は天平十三年にはすでに実在した寺であることが判明している。

大般若経と弥気寺知識

薗田香融氏は一九七八年和歌山県海草郡野上町小川地区に所蔵されていた大般若経六百巻の中に、天平時代の御気寺知識が写経したことを記す奥跋が存することから、弥気山室堂の実在を実証され、奥跋より天平期書写の明らかな九例をつぎのように挙げている。[38]

〔巻二四一〕天平十四年々次癸《ママ》午年三月中旬紀□□□□《伊国那賀カ》郡□□□□知識／□奉大般若経巻二百写□□□□□□□□□四恩及一切衆生／為奉

〔巻四一三〕天平十三年歳次辛巳四月紀伊国御気寺知識／□□□□

〔巻四一九〕天平十三年歳次辛巳四月紀伊国御気寺知識／紀直商人写

〔巻四二六〕天平十三年歳次辛巳四月上旬紀伊国那賀郡部下□□□□／紀直商人写

〔巻四三七〕天平十三年歳次辛巳四月上旬紀国奈我郡三毛□□知識□写／大般若経一部六百巻／河内国和泉郡式部省位子坂本朝臣栗柄仰願為四恩

〔巻四三八〕天平十三年歳次辛巳閏月紀伊国那賀郡御気院写奉知識大般／若一部六巻河内国和泉郡坂本朝臣栗柄

〔巻四九四〕右京六条四坊上毛野伊賀麻呂

〔巻四九六〕右京六条四坊上毛野伊賀麻呂写

〔巻四九七〕右京六条四坊上毛野伊賀麻呂写

上毛野伊賀麻呂は造東大寺司の経師として天平末から勝宝二年までの写経関係正倉院文書に頻出する人物、坂本朝臣栗柄は正倉院文書勝宝七歳九月廿八日「班田司歴名」に載る坂本栗栖と同一人物とすれば実在が確認されると薗田氏は指摘している。[39] 坂本朝臣栗柄は和泉郡の居住となっている。和泉郡は天平宝字元（七五七）年和泉国となり『倭名抄』では大鳥郡に坂本郷がある。『新撰姓氏録』によれば坂本朝臣は紀朝臣と同祖で居所坂本の地名により氏名としたとある。後述する神亀四（七二七）年築造の土塔文字瓦に「坂本臣」がある。また文字瓦には「木直」も見え、坂本臣氏や紀直氏の氏人がはやくより行基の知識集団に参加していたことは弥気寺と行基の関係を考える時参考としてよいであろう。また次章で述べるように、坂本朝臣氏は奈良時代前半の須恵器生産の一大拠点であった陶邑・大野池地区に蟠踞する豪族で須恵器生産に関わる氏族と見なされており、[40] 行基が慶雲二（七〇五）年に建立した大須恵院とも関わりの深い氏族と推測される。

弥気山室堂は「御気院」とも「御気寺」とも呼ばれていた。創建期より「道場」と認識され「慈氏禅定堂」の法名を持っていたとすれば、天平十年前後に「僧尼令」に反し広範に「別立二道場一。聚レ衆教化」し、慈氏信仰つまり唯識信仰[41]により禅定を重視していた知識集団といえば行基集団が浮かび上がってくる。当時特に在地における仏教施設は地名で呼ばれることが圧倒的に多い中で行基の四十九院には修行と関連する法名で呼ばれる道場が比較的多いことも、[42]「慈氏禅定堂」という法名をもった道場と行基集団との関連を推測させる材料である。

この時期の民衆仏教の実像を様々な観点から明らかにされた中井真孝氏の研究においても、写経や造寺、架橋といった知識活動をした僧の活動は遺っているが、道場を基盤に修行（禅行）を重視して優婆塞・優婆夷を菩薩僧尼として養成し、布教を拡大再生産するという方式を採ったのは、この時期行基の他にはみられないと指摘されている。[43]「道場」は民衆救済に赴く菩薩僧を養成する場として行基の仏教活動を特徴付けるものである。[44]『行基年譜』によれば、天平十年頃までに行基の建てた道場は畿内に三十八院である。この頃までに行基が行った道場建立と、そこでの修行を含めた教化、菩薩僧の養成事業の大半は成し遂げられていたことになる。時に行基は七十歳であった。

御気院知識による大般若経の書写が行われた天平十三年の七月から十月にかけて、恭仁京造営のため賀世山の東に橋が架けられた。この時のことを『続日本紀』同年十月癸巳条は「畿内及諸国優婆塞等役之。随レ成令二得度一。惣七百五十人。」と記している。この優婆塞七百五十人は行基に従う浄行者とするのが通説であるが、畿内ばかりでなく畿外の優婆塞が参加し、畿外に教化活動が及んでいたことがわかる。天平十年頃の以上のような行基集団の活動から推測すると『霊異記』に登場する弥気山室堂は行基の建立した「諸道亦往々而在。[45]」の中の一つである可能性があるのではなかろうか。

三毛寺のあった和歌山県岩出町三毛村の近くには布施屋（ほしや）という地名がのこっている。[46]栄原永遠男氏は六世紀前半に設定された屯倉経湍（ふせや）を布施屋の地に比定し、和泉山脈を雄ノ山峠越えで紀伊に入り、そのまま南下して紀ノ川を渡ったところが経湍で、水陸交通の要衡と指摘している。[47]六世紀前半から和泉との交通が開かれていた布施屋に近い三毛の地に和泉を基盤とする行基集団が教線を延ばしたとしても不思議ではない。以上考察した理由をもとに類推すれば『霊異記』下巻二十八話の紀伊国名草郡貴志里の道場貴志寺も行基道場の可能性を推測させる。弥気の道場は「寺」とも「院」とも呼ばれていた。貴志寺も「堂」とも「院」とも呼ばれていたかもしれない。ここでは知識が前面に出ず、檀越等が落ちた弥勒像の頭を造り副えたとあるが、「道場」とも呼ばれていること、弥勒を本尊とすること、構成・展開・表現に共通性があることからすると行基関連の道場とする可能性もあるのではないかと思う。『霊異記』には他に二例「道場」が出てくるが、目下の所その来由を確かめる手がかりを得ていない。

「行基の道場が宗教的結社として自由と自立を確立した点」を評価した石母田正氏は『霊異記』に登場する畿外の道場も行基によって切り開かれた成果の遺産ではなかろうかと示唆したが[48]、今回その可能性を具体的に探ってみた。確証はないが、いくつかの傍証により、その可能性を一歩進めることが出来たのではないかと思う。

おわりに

「道場」と呼ばれる仏教施設が古代史に登場してくる時期、背景について検討し、行基の仏教活動の拠点四十九院が「道場」と呼ばれた理由を考察した。

「道場」の史料上の初見は大宝僧尼令であり、道僧格にはない日本独自の規定の中で好ましくない施設として登場することから、条文成立の背景に日本独自の事情を推測した。「道場」は僧尼の修行の場であり、道場での修行の中心は禅行である。「道場」の登場は、唐で玄奘三蔵に瑜伽唯識、とりわけ『瑜伽師地論』「菩薩地」を学

び また禅の修行を経験した道昭が、帰国後飛鳥寺（元興寺）東南隅に禅院を建て、天下行業の徒に禅行を弘めたことに始まると推測した。二〇〇〇年代に入り、発掘調査により道昭自身が十有余年の布教活動において「道場」を建てていた可能性が山崎院の存在で明らかにされている。

行基の「道場」が禅行の場であったことは史料も明らかにしており、禅行（瑜伽）は大乗菩薩行の実践において『瑜伽論』「菩薩地」が最も重視する修行の一である。天平期官大寺の高僧を措いて行基が「精進練行」の代表者と目され、[49]「戒行具足」の僧と認識されていたことも、[50]「大僧正舎利瓶記」にその生涯を「苦行精勤誘化不息」と弟子により書かれたことも、「道場」での不断の修行生活が布教活動と不即不離であったことを推測させる。「道場」の検討から道昭と行基の実践上の系譜関係も証されるのではないかと思う。また行基道場は畿内ばかりでなく、周辺諸国にも建てられた可能性を紀伊国那賀郡弥気里に存在した道場弥気山室堂を例に考察した。

注

（1）村中祐生「古代仏教における修行の道場」（塩入良道先生追悼論文集『天台思想と東アジア文化の研究』山喜書房一九九一）、同「中国仏教における修行の道場—菩薩行処・親近処に関連して—」（『大正大学大学院研究論集』第十九号　一九九五）は天台教学の立場から論じられた古代道場論であるが、道場を考える上で多くの示唆がある。薗田香融「古代仏教における山林修行とその意義—特に自然智宗をめぐって—」（『南都仏教』第四号　一九五七）も「道場」を修行の舞台としているが論考の中心は修行の内容、仏教活動のあり方に力点が置かれている。三崎裕子「奈良時代における禅院の機能と性格」（東京女子大学読史会『史論』第四四号　一九九一）は禅院即ち道場といってよいが、対象が「禅院」と称された場所に限定されているので、「道場」の検討とはいえない。

（2）石母田正「国家と行基と人民」（『日本古代国家論』第一部　岩波書店　一九七三）
（3）喜田貞吉「醍醐本『諸寺縁起』所収「元興寺縁起」について」（『史林』第一〇巻第四号　一九二五、喜田貞吉著作集第六巻『奈良時代の寺院』平凡社　一九八〇）
（4）吉田一彦「『元興寺縁起』をめぐる諸問題―写本・研究史・問題点―」（早稲田大学考古学会『古代』第一一〇号二〇〇一）
（5）福山敏男「飛鳥寺の創立」「豊浦寺の創立」（『日本建築史研究』墨水書房　一九六八）
（6）桜井徳太郎校注「元興寺伽藍縁起」（日本思想大系20『寺社縁起』岩波書店　一九七五）
（7）奈良文化財研究所「豊浦寺の調査」『飛鳥藤原宮発掘調査概報』16　一九八六）
（8）喜田貞吉　前掲注（3）
（9）中林隆之「「花厳為本」の一切経法会体制」（『日本古代国家の仏教編成』塙書房　二〇〇七）
（10）福山敏男「額田寺（額安寺）」（『奈良朝寺院史の研究』高桐書院　一九四八、複刻版　綜芸舎　一九七八）
（11）星野良史「大安寺の熊凝草創説話について」（『法政史学』第三九号　一九八七）
（12）『寧楽遺文』下、解説「寺院縁起幷流記資財帳」、『続日本紀』霊亀二年五月庚寅条
（13）上原真人「古代寺院の空間構造」（岩波講座　日本考古学4『集落と祭祀』岩波書店　一九八六）
（14）三舟隆之「天武十四年三月壬申詔の再検討」（『日本古代地方寺院の成立』吉川弘文館　二〇〇三）
（15）三舟隆之「畿内系瓦当文様の分布の背景―山田寺・川原寺式軒瓦を中心として―」（前掲注（14）著書）、上原真人　前掲注（13）も須田勉（「千葉県古代寺院跡発掘の現状」『歴史手帳』第一〇巻一〇号　一九八二）の五分類に依拠し、古代を通じて「寺」として認識されていたのは「基壇上に建つ瓦葺建物群から成り、一定の伽藍をそ

なえたもの」とする。

(16)上川通夫「ヤマト国家時代の仏教」(『古代文化』第四六第四号　一九九四)同「律令国家形成期の仏教」(『仏教史学研究』第三七巻第二号　一九九四)

(17)村中祐生　前掲注(1)

(18)砂川和義・成瀬高明「大宝令復原研究の現段階―僧尼令―」(『神戸学院法學』第一三巻第二号　一九八二)

(19)二葉憲香「僧尼令の研究」(『古代仏教思想史研究』永田文昌堂　一九六二)、袁紅「僧尼令と道僧格の比較」(『大正大学大学院研究論集』第二三号　一九九九)非寺院条は、「寺院寂居」「別立道場聚衆教化、妄説罪福、殴撃長宿の禁」「乞食行の許可制と乞余物の禁」を定めている。この中わずかに「禁乞余物」の項が「道僧格」の「僧教化」の規定に准じていると『令集解』「釈説」が記している。本条に関して、「禁乞余物」以外の道僧格条文の存在は確認されていない。

(20)『儀制令』在路遭遇条、遇本国司条、「僧尼令」遇三位已上条が現実的な意味と力を持っていたことは以下の史料からもわかる。神亀五年三月二八日の太政官謹奏「内外五位不レ合二同等一事」(『類聚三代格』)は改めて外五位の身分を規定したものであるが、禄・位田・資人等とともに儀礼も定められ、乗馬の外五位が道路上で歩行の僧尼に遭遇した場合下馬すべきとして、僧尼を外五位より上位に位置付けている。本条は『日本霊異記』中巻第三十五、鎌倉初期成立の『貴嶺問答』にも取り上げられるほど長く社会的な影響力をもった。

(21)『大唐六典』巻之四の道僧についての大綱には仏教の起こり、中国への伝来、僧の守るべき三事「一禅、二法、三、律」と六波羅蜜の修行を宗とすべきを載せる。そこにはまず釈迦に仕える出家者への尊重が見られる。

(22)花谷浩「山崎廃寺の造営と山崎院そして堂内荘厳」(『山崎国府跡第五四次発掘調査報告』大山崎町埋蔵文化財調査報告書第二五集　二〇〇三)

(23) 近藤康司「山崎院の考古学的検討」(『行基と知識集団の考古学』清文堂出版　二〇一四)
(24) 新川登亀男「古代日本からみた東アジアの漢字文化とメンタリティの多様な成り立ち」(『古代文字史料の中心性と周縁性』春風社　二〇〇六)
(25) 宮元啓一『般若心経とは何か—ブッダから大乗へ—』(春秋社　二〇〇四)『般若心経』における止観行を重視する。
(26) avalokita-isvara の avalokita は観る、isvara は自在という意味で、観察することが自在である菩薩をいう。別名旧訳では観世音菩薩と訳されるが、この場合の原語は avalokita-svara で、svara は音という意味。したがって観世音菩薩とは音を観る、すなわち世間の人々の苦しみの音声を観じる菩薩という意味。(『唯識仏教辞典』)
(27) 伊藤敬太郎・竹内亮「飛鳥池遺跡出土の寺名木簡について」(『南都仏教』第七九号　二〇〇〇)
(28) 薗田香融「古代仏教における山林修行とその意義—特に自然智宗をめぐって—」(『南都仏教』第四号　一九五七)
(29) 正倉院文書　正修二裏書(『大日本古文書』二—七〇七)写疏所解
(30) 直木孝次郎「霊異記にみえる「堂」について」(『続日本紀研究』七—一二　一九六〇)
(31) 宮瀧交二「日本古代の民衆と「村堂」」(野田嶺志編『村の中の古代史』岩田書院　二〇〇〇)、藤本誠「『日本霊異記』における仏教施設と在地仏教」(『史学』七二—一　二〇〇三)、同「日本古代の「堂」と村落の仏教」『日本歴史』第七七七号　二〇一三)
(32) 松倉文比古「道場法師譚第一段について」(『仏教史学研究』第三三巻第二号　一九九〇)
(33) 和田萃「飛鳥川の堰—弥勒石と道場法師—」(『日本史研究』一三〇号　一九七三)
(34)『続高僧伝』「京大慈恩寺釈玄奘伝」(大正新修大蔵経　二〇六〇—四五八　a七〜一一　a二五〜二九)、『大唐西域記』(大正新修大蔵経二〇八七—八九六　b1〜c19)
(35) 黒沢幸三「霊異記の道場法師系説話について」(『同志社国文学』第七号　一九七二)

(36)中井真孝「民衆仏教の群像」(『日本古代の仏教と民衆』評論社　一九七三)
(37)知識経として著名な「家原邑知識経」「既多寺知識経」は多くの知識を結集した写経だが、すべて俗名である。
(38)園田香融「〈和歌山県小川旧庄共同保管〉大般若経について」(『古代史の研究』創刊号　一九七八)、「小川八幡神社所蔵大般若経について」(『南紀寺社史料』関西大学東西学術研究所　二〇〇八)
(39)薗田香融　前掲注(38)
(40)鷺森浩幸「陶邑と陶部」(『日本古代の王権と社会』塙書房　二〇一〇)
(41)速水侑「律令社会における弥勒信仰の受容」(民衆宗教史叢書『弥勒信仰』雄山閣　一九八四)は律令貴族層に弘まった兜率天往生の信仰が『弥勒上生天経』に基づくことを指摘する。瑜伽唯識信奉者は自身の法名や修行道場に「慈氏(弥勒)」を冠して『解深密経』や『瑜伽論』作者としての弥勒への信仰を示している(一一六頁参照)。
(42)『行基年譜』によれば、恩光寺・隆福院・清浄土院・久修園院・善源院・法禅院・隆福尼院・頭陁院・発菩薩院・布施院・大福院・報恩院が挙げられる。
(43)中井真孝　前掲注(36)
(44)行基の道場が一向大乗寺として菩薩僧の育成に当たっていたことは東大寺唐禅院止住の景深(鑑真弟子の法進の十弟子の一)が認めていることを最澄の『顕戒論』(日本思想大系4『最澄』岩波書店　一九七四)に記す。
(45)『続日本紀』天平勝宝元年二月丁酉条
(46)『紀伊續風土記』(天保十(一八三九)年)名草郡に「布施屋村」と書いて「保志也」の読みを付け、「婦世也今訛りて保志也といふ」とあり「此地古布施屋ありて後遂に村名となるへし」とある。高野山本菊院所蔵文書に正平二年(一三四七)布施屋郷の地名が見えるという。
(47)栄原永遠男「紀氏と倭王権」(『紀伊古代史研究』思文閣出版　二〇〇四)

(48) 石母田正　前掲注 (2)
(49)『令集解』僧尼令非在寺院条「勘知精進練行」古記
(50)『続日本紀』宝亀四年十一月辛卯条

第四章　行基弟子と四十九院の運営

はじめに

行基の仏教実践は「教化」の一語に尽きるといってよいであろう。『大僧正舎利瓶記』はその生涯を「苦行精勤誘化不レ息」と記し、『続日本紀』行基伝は「周二遊都鄙一、教二化衆生一。道俗慕レ化追従者、動以レ千数。」と表現している。行基研究では「社会事業」の範疇で論じられる種々の土木事業も弟子の遺した墓誌では「誘化」の一語の中にくくられている。その教化の拠点となったところが四十九院と呼ばれる道場である。行基の仏教実践の特徴として、それらの院が布施屋や橋・堀江・池・溝・船息等の施設の近くに建てられ、施設建設と教化活動が一体化していたということはしばしば指摘されてきた。しかし、初期の院は土木施設を伴っていない。生涯を通じ院でどのような教化活動が行われたのか、各院の運営はだれによってどのように行われたのか、院の拡大はどのような構想のもとに行われたのか、各院はそれぞれどのような性格をもっていたのか等について具体的な解明が十分なされているとはいえない[1]。第三章では院が何よりも禅の修行の場であり、大乗菩薩僧を養成する場であったことを「道場」を視点として明らかにすることを試みた。本章では四十九院がどういう人々によってどのように運営され、どのように発展していったかを解明する手がかりを得たいと思う。

運営の主体を解明するためには、『続日本紀』行基伝の「弟子相継、皆守二遺法一、至レ今住持焉。」とある「弟子」の具体像を明らかにする必要がある。先ず養老元年詔に登場する「弟子」の検討から始めたい。

第一節　養老元年詔再読

養老元年の行基弟子

従来の行基研究では、行基のカリスマ性が強調され、行基集団の実態は行基に率いられる私度僧尼群や在家の民衆と捉える傾向が強かった。行基の弟子集団は三千余人ともいわれるが[2]、多くの在家や優婆塞・優婆夷を指導し、各地に増え続ける道場を行基一人が運営したとするのはいかに行基がカリスマ的存在であったとしても非現実的理解ではなかろうか。先述の行基伝は少なくとも延暦十六（七九八）年頃までは道場が維持されたと記している。国家の糾弾を受けながらも破綻や分裂することなく行基集団（教団）が結束を保って活動を続けられたのはなぜか。そこでまず改めて、『続日本紀』養老元（七一七）年四月壬辰条の行基とその弟子を糾弾した詔の検討から始めたい。詔は次の三箇条の禁止事項を挙げている。

詔曰。置レ職任レ能、所三以教二導愚民一。設レ法立レ制。由三其禁二断奸非一。頃者、百姓乖二違法律一、恣任二其情一、剪レ髪髡レ鬢、輙着二道服一。貌似二桑門一、情挟二奸盗一。詐偽所二以生一、姦宄自レ斯起。一也」凡僧尼、寂二居寺家一、受レ教伝レ道。准レ令云。其有二乞食一者、三綱連署、午前捧レ鉢告乞。不レ得三因レ此更乞二余物一。方今、小僧行基、并弟子等、零二畳街衢一、妄説二罪福一、合二構朋党一、焚二剥指臂一、歴門仮説、強乞二余物一、詐称二聖道一、妖二惑百姓一。道俗擾乱、四民棄レ業。進違二釈教一、退犯二法令一。二也。」僧尼依二仏道一、持二神呪一以救二溺徒一、施二湯薬一而療二痼病一、於レ令聴レ之。方今、僧尼輙向二病人之家一、詐祷二幻恠之情一、戻執二巫術一、逆占二吉凶一、恐二脅耄稚一、稍致レ有レ求。道俗無レ別、終生二奸乱一。三也。」如有二重病一応レ救、請二浄行者一、経二告僧綱一、三綱連署、期日令レ赴。不レ得二因レ茲逗留延一レ日。実由二主司不一レ加二厳断一、致レ有二此弊一。自レ今以後、不レ得二更然一。布二告村里一、勤加二禁止一。

三項目は、それぞれ冒頭に詔がよってたつ禁令の根拠が示されている。行基とその弟子に対する第二項目は明らかに、寺院に寂居して修学伝道に励み、許可を受けた範囲で乞食を守るべき国家が得度を認めた官僧尼を対象とした禁令である。本詔は従来、行基個人の布教活動がいかに僧尼令に違反しているかを、僧尼令の該当各条をあげまたは引用して指弾した詔ということに関心が集中してきたといってよい。「弟子等」は行基に扇動ないし統率された私度僧尼や貧窮民の群れといった前提で捉えられることが多く、この弟子をこの段階で特に問題視した論考は見られなかったと思う。しかし第二項が問題としているのは行基個人よりも行基及び行基と行動をともにしている「弟子等」であり、彼等も歴とした官僧であったところに本詔の眼目があったと読むべきではなかろうか。彼等が所属の寺を越えて朋党を組み、行基と共に平城京の街衢で罪福の因果を説き、指臂を焚き剥ぐようなこともし、門毎に布施は積善行為と説いて多くの施物を集め、これが仏の教えであるなどといっているのは百姓を妖惑するのも甚だしく、僧尼令が最も厳しく禁じる僧尼と俗人の擾乱状態であり(3)、これは仏法にも律令にも違反する行為であると糺弾している。行基は既に養老元年までに国家が黙視できぬまでに官僧を同志として組織していたというところに本詔の歴史的意味があるのではないだろうか。正七位下道君首名が大安寺に僧綱や各寺の三綱を集めて僧尼令を説いたのは大宝元（七〇一）年六月壬寅朔であった。それから二十年足らずのうちにこの事態が生じた。本詔第二項には、少なからぬ官僧尼の民間布教という事態に対する国家の驚愕と危機意識が現れており、行基と弟子等の反僧尼令的行為をあげつらうことによってむしろ官大寺に寂居する僧尼への影響を食い止めることに主眼があったと見たい。養老六年の詔と比較すると本詔には罰則規定がないことも取り締まりよりも牽制に主眼があったためではないだろうか。

小僧行基の効果

「小僧行基」という呼び方は蔑称と解されることが多い。しかし具足戒を受けた比丘を大僧と称したのに対し沙弥を「小僧」と呼ぶ場合がある。二葉憲香氏は『霊異記』中巻第七に見える智光の詞「吾是智人行基是沙弥、何故天皇不レ歯二吾智一唯誉二沙弥一」や『扶桑略記』の「菩薩未レ経二僧位一、不レ受二於具足戒一、尚是沙弥也」、また『三宝絵詞』の智光説話における智光の詞「我は智深き大僧也、行基はさとり浅き沙弥也」等を引きこれらの所伝にも一定の根拠があったのではないかとした[4]。この見解を筆者も支持し、「小僧行基」とは「沙弥行基」ととりたい[5]。行基を一介の小僧（沙弥）と呼ぶことで、官僧尼が行基に従うことへの牽制を意図したのではなかろうか。智光説話が成立するような基盤として大僧の誇りや沙弥への差別意識があったことは十分想像され、そこを分断することで行基集団の官僧尼への影響を食い止めようとした意図を読むことができるであろう。

朋党の実態

「合㆓構朋党㆒」ということにも一考の必要がある。この句は僧尼令三宝物条に次のような形で見える。

凡僧尼。将㆓三宝物㆒。餉㆓遺官人㆒。若合㆓構朋党㆒。擾㆓乱徒衆㆒。及罵㆓辱三綱㆒。凌㆓突長宿㆒者。百日苦使。
若集論㆑事。辞状正直。以㆑理陳諌者。不㆑在㆓此例㆒。

三宝物条は僧尼が寺の財物を用いて役人に賄賂を送ったり、寺内で仲間を語らって衆僧の騒擾を招いたり、寺内の長老に暴力をふるうことを禁じた条である。この中の「合㆓構朋党㆒。擾㆓乱徒衆㆒。」の箇所が行基等の糺弾に引用されたと思われる。本条が道僧格に存在したという明証はなされていないが、古瀬奈津子氏は対応する法令として『唐六典』巻四祀令部郎中員外郎条をあげている。[6]『唐六典』では「将㆓三宝物㆒。餉㆓遺官人㆒。若合㆓構朋党㆒。」が還俗となっているのに対して僧尼令では百日苦使と軽罪であるのは、日唐の法成立の背景の相違を語っていよう。[7]しかも『令集解』の古記説は「合㆓構朋党㆒」に対して次のように記している。「古記云。合構。謂汝者如㆑然説。吾者如㆑是説。数人共和同。而誘㆓引他人一種㆒耳。朋党。謂朋友也。徒衆。謂道俗並是。」つまり朋党とは朋友のことであるとの解釈を示している。

七・八世紀の「朋友」の実態を考察した田中禎昭氏は天平十年頃の成立とされる古記の「合㆓構朋党㆒」の解釈には行基集団の史実が反映していると指摘しているが、[8]筆者もこの見解を支持したい。古記は「合㆓構朋党㆒」を、互いに自説をのべあった上で数人が合意点で共同し他人を仲間に引き込むことで、朋党とは朋友のことであり、考え方の一致点で結びついた仲間のこととしている。徒衆についても他の法家がもっぱら寺内の僧尼と解しているのに対して古記は道俗と解しており、天平期の特殊な解釈を示している。僧尼令集解古記は他にも行基の活動を肯定的にとり挙げており[9]、右「合構朋党」の解釈にも行基集団の実態が反映しているのではないかと推測させる要素がある。古記が行基集団を念頭に置いたとすれば集団の中核が論議に堪えうる一定の自立的知識層であったことを窺わせ、興味深い。

田中氏はさらに律令国家が「党」の語を用いるときは反国家的集団として誅罰の対象と見ていることを『続日本紀』の用例から導いている。田中氏の結論によって「朋党」の語を読むとき、行基集団を反国家的集団として糾弾し、他の官僧尼への影響を阻止しようとする国家の姿勢がより鮮明になってくる。

養老期の僧尼政策

養老元年詔の対象が行基と行をともにする官僧尼であったことは、これに続く養老期の僧尼政策からも窺うことができる。養老期の僧尼政策が民間に流出する僧尼への対策であったことは、すでに舟ヶ崎正孝氏が指摘されている[10]。以下『続日本紀』によって養老期の僧尼政策を追うと以下のようになる。養老二（七一八）年十月庚午条の太政官符は僧綱に対し、衆僧に推され法門の師となるような智徳優れた者、後進の領袖に相応しい僧、及び五宗それぞれの宗師たるべき僧を推挙させ、僧尼はその性分に応じてみな学問させよと命じている。同時に「凡諸僧徒、勿㆑使㆓浮遊㆒」といい「経曰。日乞告穢㆓雑市里㆒、情雖㆑逐㆓於和光㆒、形無㆑別㆓于窮乞㆒。如㆑斯之輩、慎加㆓禁喩㆒。」と僧尼が衢に出て俗と交わることや乞食行為を戒めている。都下での行基等官僧の活動に対する危機感が一方で仏教界への引き締め、一方で充実という政策となって現れたとみられる。

国家の期待した僧尼像の代表として翌養老三年十一月乙卯朔の詔では神叡と道慈が顕彰され、食封五十戸を賜わっている。養老四年正月丁巳始めて公験制度が成立した。公験支給の条件についてはさらに天平六年を待たなければならない。同四年十二月己卯には読経の際自己流に読経してはならない、漢沙門道栄・学問僧勝暁等から正規の転経唱礼を学習せよとの詔がでている。冒頭で「釈典之道、教在二甚深一」といっているが、それは正確な漢音での発声によるとしている。当時の国家が官僧尼に要求したものが何より法会における正確な読経であったことをよく語っている。

養老六（七二二）年七月己卯には、僧綱に薬師寺常住が求められ、同時に僧尼に対して実刑を伴う厳しい禁令が出された。『類聚三代格』に次のような太政官謹奏が載っている。

垂レ化設レ教、資二章程一以方通。導レ俗訓レ人、違二彝典一而即妨。比来在京僧尼不レ練二戒律一。浅識軽智巧説二罪福之因果一。門底廛頭訟誘二都裏之衆庶一。内黷二聖教一、外虧二皇猷一。遂令下二人之妻子一動有二事故一。自剃二頭髪一輙離二室家一。無レ懲二綱紀一不上レ顧二親夫一。或於二路衢一負レ経捧レ鉢。或於二坊邑一害レ身焼レ指。聚宿為レ常妖訛成レ群。初似レ脩レ道終為二姧乱一。永言二其弊一特須二禁制一。望請。京城及諸国々分遣二判官一人一。監二当其事一厳加二捉搦一。若有二此色一者。所由官司即解二見任一。其僧尼一同下詐称二聖道一。妖中惑百姓上依レ律科レ罪。其犯者即決二百杖一。勒還二郷族一。主人隣保及坊令里長並決二杖八十一。不レ得二官当蔭贖一。量状如レ前。伏聴二天裁一。謹以申聞謹奏。奉レ勅。依レ奏。

本格の処罰対象を僧尼ととるか、民間私度僧尼を対象としているか二説あるが、養老元年詔と同様こうした太政官奏は冒頭に法意を掲げて趣旨、対象者を明確にしているので、この格も対象は民衆を指導誘引している官僧尼が取り締まりの対象であると取るのが適当と思う。本格は在京僧尼に対する罪状が養老元年詔と似ている所から行基集団を対象としているとするのが通説である。しかし養老元年詔のように「小僧行基及其弟子等」と限定していないところに、もはや行基等に限定できない民間布教に赴く官僧尼の増大という事態が推測される(11)。

一連の官僧尼対策が功を奏せず、事態は拡大の一途であることに危機感をもった支配層が当該僧尼への律罪の適用、監督官司の解任、主人隣保及坊令里長への連座制適用という厳罰をもって臨んだところに元年詔とは異なり、並々ならぬ決意が窺える。おそらく本格はまず威嚇し萎縮させるところにねらいがあったのではなかろうか。養老六年の格により行基は活動の拠点を和泉に遷すとともにその布教の形態にも大きな転換を見せることとなる(12)。連座制により一般への厳罰の波及を恐れたのではないかと思う。また養老六年二月には平城右京に菅原寺を起工している。都下での寺院造立はこうした官の動きに対し、活動の合法性と都下に拠点を獲得する目的が推測される。菅原寺については第五節で検討したい。

官僧尼を仲間とした初期の活動

養老期に国家を驚かせるほどに成長した行基集団の形成と拡大の秘密は何であろうか。彼等は大宝元年に成立した「僧尼令」を十分承知し還俗を覚悟の上で「別立㆓道場㆒。聚㆑衆教化」の群れに身を投じたであろう。そこに行基を中核とした集団の仏法と実践への強い信仰と信念が想定されるであろう。つまり国家から「違㆓釈教㆒」「違㆓彝典㆒」と糺弾を受けても寺を出て衆生教化に赴くことこそが「釈教」であるとの確信が、彼等を国家の弾圧に抗して怯む所なく平城京の巷に赴かせたと思う。養老元年までに行基が建てた道場は、慶雲元（七〇四）年に生家を自ら施捨して仏閣とした神崎院（家原寺）、慶雲二（七〇五）年に大鳥郡大村に建てた大須恵院、霊亀二（七一五）年に大和国平群郡床室村に建てた恩光寺の三院のみである。家原寺は仏閣とはいえ一間四面の粗末な堂一宇と三重塔であったと『行基年譜』は記している[13]。三道場の立地はともに平城京の街衢や、交通の要衡といえる地ではない。また近くに池や溝といった施設を伴ってもいない。恩光寺は場所が明らかにされていないが、大須恵院は第三節で述べるように陶邑の丘陵地にある。いずれも、従来行基が布教の対象としたとされている役民や運脚夫に働きかけるのに適当な場所とはいえない。むしろ初期道場において行基は地縁・血縁を通じた官僧を主体に教化活動を始め、次第に同信同行の朋友つまり同志を増やしていったと見るのが妥当ではないだろうか。同時に『瑜伽論』「菩薩地」の教えをともに学び禅行に励みながら、都下に出て平城都市民に教化を行うとともに布施を請い、布施屋の経営などを始めていたかもしれない。そうした活動の結果が養老元年四月の行基と弟子等への糺弾となったと推測される。では官僧尼達は、僧尼令違反と知りつつなぜ行基と行動を共にするようになったのであろうか。行基が官僧尼を組織化し得た背景を考察したい。

第二節　官僧尼の覚醒

国家の庇護を受け身分を保障された官僧尼がなぜ反僧尼令を承知で行基と行動をともにしたかを考えるためには、第一に仏教伝来以降の仏教政策の中で、僧尼の立場や役割がどのようなものであったのか、第二に行基の説くどこが彼等にとって僧尼令違反をも顧みず所属官大寺を出て「合構朋党」するほどの魅力をもったのかという二点の検討が必要であろう。

古代僧尼の立場

日本での仏教のはじまりとその記録は、仏像と若干巻の経論の伝来に始まり、その後も仏像の伝来が続く[14]。この点は西域から僧が訪れて仏法を伝え或いは仏典をもたらし、民間僧を中心にして翻訳を行いながら仏法を内面化し、仏教を受容した中国とは決定的に異なる特殊事情といえるであろう。『日本書紀』敏達十三年是歳条に「仏法之初、自レ茲而作」として記しているのは、蘇我馬子が百済使の持ち帰った仏像二躯を請うて仏殿を邸宅の東に造り、司馬達等の女嶋等三尼を得度させて大会設斎を行ったという記事である。それ以前にも百済からの僧等が上番している記事、同じく百済から帰国した大別王が律師・禅師・比丘尼・呪禁師等を伴ったという記事があるが彼等が何をしたかは書かれていない。日本での最初の出家者三尼の役割は、右記事からすると仏像への礼拝供養、設斎に仕えるためだったことがわかる。

欽明朝における仏教伝来から七世紀末に至るまでの仏教史については上川通夫氏の論考が新たな古代仏教史のとらえ方を提起している(15)。氏は精緻な史料の読みによってそこにどのような仏教固有の思想を見いだすことができるか、またそのことが支配者集団の国家形成上の政策とどのように関わっているかを明らかにしている。その方法と考察結果は古代仏教史の認識を大きく改めたと思う。古代僧尼の実態を把握するという課題からも筆者は大きな示唆を得た。

上川氏は、この期の仏教の特質を「戒律体制」の仏教と総括している。戒律重視は仏教に内在する思想から出たものであり、支配層の主導した仏教を民俗宗教的・呪術的とのみ規定することに異義をとなえた。氏は、仏教受容の初期、倭国が大きな影響を受けた百済聖明王の仏教が南朝梁武帝の仏教を直接に継受しており、武帝の仏教は戒律重視であったこと、日本には弥勒像が多く伝来しているが、弥勒像の根拠たる「弥勒上生天経」が戒律重視の性格をもつこと、国家法会の初見記事は敏達紀十三年の「大会設斎」であるが設斎は八斎戒を守ることが本来であったことなどから、初期仏教行事は戒律を重視する思想から出たものであることを指摘する。また仏教を導入したヤマト国家の支配層も、それに続く乙巳の変以降の律令国家形成期の指導層も急務としたのは東アジア仏教圏に通用する律蔵に基づく受戒・得度の制度と、それに基づく僧尼を生みだすことであったとしている。善信尼等が百済で受戒し帰国すると十一人の尼を得度させたこと、推古紀十七年四月に百済から漂流した僧十人を法興寺に安置したこと、大化元年に十師制度を制定したこと、朱鳥元年にいたり法興・大官大・薬師・川原の四寺は授戒寺院としての体制を整え白鳳期の増大する僧尼の受容に応えていることを指摘し、正式な授戒制度による自前での僧尼の誕生を一貫して追及してきたとしている。

また氏は以上のような僧尼の奉仕した国家的な法会の性格が戒律色の強いものであり(16)、その法会に国家を主導する中央官人層を参加させたこと、天武朝に至っては護国法会を地方に拡大し、地方豪族層をも護国仏教の担い手とすることで律令国家体制を形成したとも指摘する。氏の論考から、仏教伝来以降天武・持統朝の終わりまで王権と支配者集団が結束して国家運営に当たるために仏教を国政の重要な柱とし、戒律を重視することで仏教上の功徳と威儀を高めてきたことがわかる。

以上のように律令国家形成期までの国家および指導層が戒律思想を重視したという特徴から導かれる僧尼像は、先ず正規の授戒を受けること、また受戒後も浄行者としての生活を厳格に守り国家や支配層の主催する仏事に怠りなく仕えることであったことが推測される。天武紀八年十月是月条の「凡諸僧尼者、常住二寺内一、以護二三宝一」とする僧尼生活の原則も、一つには老病僧を寺内から排除し清浄なる聖域に僧尼を寂居させることで戒律生活の清浄性を保とうとする思想から出たものと解することができる。これが「僧尼令」非寺院条や禅行条に結実していかなる場合も俗と交わることを禁じ、ために行基及びその弟子等は「道俗擾乱」として厳しく糺弾されることともなったのであろう。また、「僧尼令」全体が『四分律』を中心とした戒律色の強いものとなっていることも、上川氏の指摘を受けて考えると前代から奈良時代への律令国家としての仏教思想上、政策上の思想的つながりが理解できる。

日本の古代僧尼の特殊性

さらに当時の僧尼に要求されたことは、王権や国家及び支配層の主催する仏事に奉仕することであった。それは単に「設斎」のこともあったが、次第に『仁王経』や『金光明経』といった護国経典の読誦、講説が主となっていった。そこで要求されるのはまず正確な漢音での読経である。先述した養老四年十二月の正規の師について正確な漢音での読経を学習せよとの詔も、うらを返せば経典の意味がよくわかっていないために僧尼は自己流で読経していたとも考えられる。一部護国経典については講説が行われた記事があるが、それも「護国品」等の当面の法会との関連部分であった可能性が強い。こうした状況下で当時の僧尼が仏典の教えをどこまで主体的に内面化していたかは心許ない状況であったと推測できる。僧尼が学業において経典の意味を理解していることが得度の要件となるのは延暦二十五（八〇六）年を待たなければならない[17]。日本の僧尼が経典そのものから仏道を学ぼうとしないことを嘆いたのは道慈である。道慈は行基と対極の存在として養老二年国家から顕彰され、律師となり、大安寺を再建し、大般若会を主催して国家仏教に多大な寄与をした人物である。その道慈が遺した次の語録は日本の僧尼の一面を雄弁に語るものである[18]。

著㆓述愚志一巻㆒論㆓僧尼之事㆒。其略曰。今察㆔日本素緇行㆓仏法㆒軌模全異㆔大唐道俗伝㆓聖教法則㆒。若順㆓経典㆒。能護㆓国土㆒。如違㆓憲章㆒。不㆑利㆓人民㆒。一国仏法。万家修善。何用㆓虚設㆒。豈不㆑慎乎。

経典そのものからの教えを自ら学ぼうとしていない当時の多くの僧尼への批判が読み取れる。僧尼の状況が以上のようなものであったことを前提にしても、彼等は当時の知識階層であり識字層であった。仏教伝来以来彼等が目にした主要な経典はほとんどが大乗経典であり、そこには僧尼の使命が衆生救済にあり、飼虎捨身も厭わない利他行を説く教えを目にし、[19]僧尼としての生き方を考えることもあったかもしれない。大乗仏典の説く教えと彼等が置かれていた立場との間には実は深刻な矛盾が存在することに気づく僧尼も現れたかもしれない。

道昭の覚醒

日本の古代僧尼が大乗仏教の教えを自覚的に摂取する画期となったのは、道昭の唐での修学と帰国後の禅院の設立、大乗菩薩行の教化と実践であろう。この点は第二章で考察したので重複を避けたい。ただ『瑜伽師地論』が他の大乗経典と異なって菩薩の実践行を最も重視する仏典であること、『瑜伽論』の説く菩薩像の特徴は注視しておかなければならない。『法華経』や『華厳経』においては、すべての衆生を差別なく摂取する菩薩僧としてのあり方は一乗であることを強調している。これに対して『瑜伽師地論』「菩薩地」は菩薩というあり方を他の二乗（声聞・独覚）と区別して重視する。この現実世界での衆生の救済という使命、六波羅蜜の修行を重ねて菩薩の階梯をのぼり、菩提に至る道は「菩薩地」にあるとする。菩薩の救済実践を強調するが故に、声聞・独覚の二乗とは異なる菩薩乗を出家者の究極的理想像として強調しているところに『瑜伽論』の特徴がある。道昭はこの教えの精髄を玄奘から受け、少なくとも『瑜伽師地論』巻三十五～巻五十に至る「菩薩地」十六巻に関しては読みを習得して帰り、弟子に伝えていることがわかる。[20]禅院の設立も唯識の重んじる禅行（瑜伽つまり止観行）の実修を重視したところから出たと思われ、禅行と共に道昭から大乗菩薩行の教えが世に広まったことも第二章で考察した。唯識観からすれば橋を架け、堤を築くという善行に参加することが参加者の深層（阿羅耶識）に善を積み苦から救済する点で利他行なのであり、「利他」はあくまで仏教的に他者を救済するもので、社会事業としての利他と解するのは現代的な解釈であると思う。

「菩薩地」の説く菩薩像はそれに接し、教えを受けた僧尼にとっては衝撃的ともいえる新しい出家像であったに違いない。それは何よりも、仏法の説いている大乗僧尼の生き方の窮極を示している。上求菩提下化衆生こそ大乗菩薩の目指す道であり、それは経典を転読して国家法会や支配層の安寧に奉仕することを超えた、普遍的な教えである。またいかにして自ら煩悩を解脱しながら、同時に衆生救済・有情饒益を実践するかについて六波羅蜜の修行の方法とその功徳も具体的に指し示している。「菩薩地」の示す出家者としての生き方は当時の官僧尼に初めて仏典に則った独自の生き方を自覚させたのではないだろうか。それは同時に釈迦に回帰する道でもあった。この点こそ僧尼令違反の糺弾にも怯む所がなかった彼等のよりどころであったであろう。そうした僧尼を最初に自覚的に養成したのが道昭であり、行基もその影響を受けた一人であり、とりわけ『瑜伽論』の理解に優れていたと思われる。道昭の教化は大乗仏法を自覚的に吸収し実践する僧尼を生み出したという点で、古代仏教史において革新的なできごとであったといえると思う。

道昭の感化を受けた官僧達

行基入滅後まもなく成立した史料といわれる「大僧正記」によれば行基の弟子には師位・半位の僧位をもち、官大寺に所属して国家的法会に参加したり、十禅師に就任したというような官僧も多い[21]。彼等の出自は親族弟子であったり、畿内特に和泉を中心とした中小豪族出身者である。[22]「大僧正記」の歴名帳は行基組織の集大成ともいうべきものと思われるが、行基は早い時期からまず官僧尼らを対象に「菩薩地」の教えに共鳴する同志を集めたであろう。道昭の布教によって、行基の呼びかけに呼応する僧尼の存在も想定される。彼等の脳裏には自らの氏族が率いる在地の百姓達の生活の姿、律令体制施行とともに都城で目の当たりにする疲弊した役民の姿が浮かびあがったことであろう。彼等の困窮した今を救い、仏教的な善に向かわせて心に善を積み、生活の向上を助けることが同時に出家者としての向上、菩薩への道であるという教えは、僧尼令の禁忌を犯しても衢に出ようという勇猛心を彼等の内面に惹き起したのではなかろうか。国家が「進違㆓釈教㆒、退犯㆓法令㆒。」と脅しても我らの実践こそ「釈教」の真実とする信念と、説けば随従する人々の支持が逆に信仰を深めさせたといえよう。

　大乗は自利利他行の実践といわれるが、「菩薩地」三十五～五十巻は各所でどのように実践するか、実践に際して何が大切かを説く。たとえば巻三十八では衆生救済のために菩薩の学ぶべき五分野として（一）内明（仏陀の教え）（二）因明（論理学）（三）声明（文法・言語学）（四）医明（医学）（五）世間工業智処（技術産業学）をあげる。救済の実践に当たっては四つの柱をたて、先ず菩薩が衆生に種々の布施を行って彼が仏法を聞き修行しようという心をおこさせる、次に愛語をもって彼の迷妄を除き、正しい教えを理解させ、次に彼を受け容れ彼が道理を観察し理解したとわかったら彼を善処に誘導し迷いを除く、最後に菩薩は彼と同じ事を共に修行して彼が献身に向かうようにさせる、このとき衆生からおまえが自分でできていないことを他人に求めるのはおかしいといわれないようにしなければならないと諭している。その根底に衆生への恭敬、愛愍の念が大切と説く。こうした具体的な教えと人間観が一部官僧尼には新鮮で魅力的に響いたことであろう。

出家者である僧尼が仏典に説く教えによって自らの道を自覚し、僧尼令違反の官僧尼集団が出現したところに養老元年詔の仏教史上の意味があると思う。その意味で行基集団の仏教運動は大乗思想に促された実践運動である。それは行基一人の運動ではなく、行基を核としながらも同学同修の官僧尼等の集団的運動にまで養老元年には成長していたといえよう。国家間の交通を通じて伝来し、国家経営の一環として仏教興隆が図られて約百五十年後、仏教はようやくその担い手である出家者が大乗仏教思想を主体的に受容し内面化し、そして実践する宗教として発展する画期を迎えたのである。かつて吉田孝氏は「平城京という律令国家が生み出した特殊な空間に、日本ではじめて個人倫理の萌芽が生まれてきたのである」と行基の運動の史的意味を指摘したが[23]、さらにいえば、儒教は統治者や官人にとっての個人倫理を、菩薩仏教は菩薩として救済者たらんとする僧尼と被救済者である民衆の両者に個人倫理を目覚めさせたといえるのではないだろうか。行基とその弟子等は平城京やその周辺の人々の心に新しい仏教思想、国家がいうところの「罪福の因果」を弘めたのである。それはこれまでの日本の風土にない、個人の心に善を意識しそれを実践すれば結果が報いられるとする新しいものの考え方、生き方であったと思う。

第三節　大須恵院の建立

行基等の初期活動

行基の教化活動をたどることのできる唯一の史料は『行基年譜』（以下『年譜』）であるが、その冒頭部分は欠損している。現存『年譜』は大鳥神社の傍らに神宮寺を建てる記事から始まる。『年譜』の不備を補って『大鳥太神宮并神鳳寺縁起帳』（以下『縁起帳』）が記すこの神宮寺建立の経緯を新川登亀男氏は史料に基づいて検証し、和泉地方の生業や生活の様相を具体的に明らかにし、在地の生活に密着した行基の初期活動を解明している。[24]『縁起帳』によれば、大鳥神社に贄を貢納する網引者坂本臣利金の妻は夫の殺生の罪の深さを悔い苦しむが、娘である津守宿祢伊良豆米古が母の罪障を償うため仏法に救いを求めた。行基は堂を造り七仏薬師の画像を安置し、滅罪を祈った。これが神宮寺である神鳳寺の始まりという。七仏薬師経は奈良時代に悔過のために用いられた経典で、優婆塞貢進解の中にも見られる。[25]行基には殺生の戒めを説く説話が『霊異記』や『年譜』にいくつかあり、民間布教に当たって生活に根ざした殺生応報という因果の理を説いて、滅罪のために悔過を修することを勧め、仏法を弘める一端としたことがわかる。[26]大鳥神宮寺は大鳥連首麻呂の家を掃清して寺としたとあり、寺とはいえごく素朴な仏閣として出発したことが推測される。首麻呂は大鳥郡の豪族大鳥連一族の者であろう。『新撰姓氏録』によれば大中臣の朝臣の祖天児屋命と同祖とし、和泉国の狭山連・和田連・志斐連・蜂田連・殿来連等とも同祖である。行基の母方蜂田首氏は蜂田連の旧姓ではないかとされる。[27]行基は早い時期から大鳥連一族の支持を得ていた。『年譜』によればこの間行基は慶雲元（七〇四）年に生家を仏閣としているがこれも一間四方の堂一宇と三重塔という質素な精舎である。生家を布教のために施捨することで六波羅蜜の第一である菩薩の布施行を自ら実践したと思われる。以後行基が母を伴い、大和の佐紀堂や生駒の草野仙房で孝養を尽くし、母を看取ったと『年譜』が記しているのも、こうした事情から出た行為であろう。

翌慶雲二年に建てられたのが大須恵院である。『年譜』は「大須恵院高蔵十月始起、在和泉国大鳥郡大村里大村山」と記している。大須恵院は当時畿内における一大須恵器生産地であった陶邑の中心地大村里に建てられた。現在の大阪府堺市、岸和田市、和泉市、狭山市などからなる泉北丘陵上に広がる陶邑古窯跡群の一角である。土地の豪族である大村氏出身の真成は「大僧正記」によれば行基の親族弟子で元興寺僧とあり、「大僧正舎利瓶記」の作者でもある。真成がいつの時点で行基弟子となったかは不明であるが、行基は最初期の教化活動の拠点を地縁・血縁に依拠して大村の地に置いたものと思われる。行基と陶邑の関係については、すでに先学により研究が積み重ねられているが、[28]近年の考古学的成果や陶邑における氏族構成に関する研究をふまえ、『瑜伽論』「菩薩地」と陶邑進出との関係も検討し、初期道場としての大須恵院の意味を考察しておきたい。

大須恵院は行基が本格的な布教活動に乗りだした最初の道場であり、また四十九院中唯一「大」の字が冠せられている院である。大須恵院が四十九院の中でももった特徴、果たした役割を考える上で第一に当時の陶邑の須恵器生産の規模、第二に律令体制下で須恵器生産に携わった氏族の構成と歴史的に形成された氏族相互の関係がどのようなものであったか、第三に行基等が依拠した「菩薩地」の影響如何という点を見ておく必要がある。

須恵器生産と大須恵院

第一の点について、陶邑は五世紀前半に朝鮮半島より渡来した窯業技術者により始まった須恵器生産地で、東西十一キロメートル、南北九キロメートルに渡る広域丘陵地に窯跡群が分布し、十世紀まで生産を続けた古代日本では抜群の生産規模と継続性をもった窯業地であった[29]。陶邑の須恵器は律令体制下において和泉国の調貢納物として重要であった。藤原京出土の「大鳥評」「日下部」の篦書きをもつ須恵器蓋は陶邑産と目されており[30]、まだその意味が解明されていないが、あるいは初期の調の形態を示唆するものではなかろうか。天平九年和泉監正税帳推定大鳥郡断簡には「依二民部省天平九年九月廿二日符一交易進上調陶器」とある。この年須恵器が交易進上されているのは疫瘡の流行により和泉国が壊滅的打撃を受けたためとされている[31]。では通常陶邑の負担はどのくらいであったのであろうか。『延喜式』主計式には和泉国調として陶器三十一品目、単純計算で二千二百六十四個の貢納目録が載っている。また践祚大嘗祭にも若干の陶器貢納が求められている。例年の調陶器のほとんどが祭祀具として用いられるとする研究がある[32]。延喜式の調規定がいつ頃から実施されていたかについては諸説あるが奈良時代半ばには成立していたとされる[33]。慶雲期の調貢納物についてはこれをもって類推しておきたい。

陶邑の発掘調査を手がけた中村浩氏によれば奈良時代前半期の窯跡数は八十基余で分布も広域に渡り生産の活況が知られるという。器種も蓋坏、皿、盤、円面硯、平瓶、水瓶、長・短頸壺、甕、飯蛸壺、椀、鉄鉢など著しく豊富になり、同一器形でも大小様々あり、背景に使用する側の多様な要求があったとされている。また水瓶、椀、鉄鉢など金属器に類似の形できわめて丁寧な調整を加えたものが認められるのもこの時期の特徴という[34]。これらの中には和泉国陶器調の品目に見られない円面硯、飯蛸壺、鉄鉢（鉢）などがあり、交易品としての流通が推測されるという。特に金属製鉢は大安寺資財帳に「合鉢参口〈白銅二口鉄一口〉」などと見えるが、陶器による鉄鉢の生産は、民間僧尼特に頭陀行を重視した行基集団との関連も想定され興味深い[35]。

かつて陶邑の須恵器生産は行基が活動を始めた時期には既に衰退していたとの見解であったが、近年の発掘調査結果の集成においてはむしろ奈良時代前半に生産の最盛期を迎え、後半衰退に向かうとの見解が示されている[36]。律令制下の土器の生産、流通、消費に関しては先行研究をまとめ、問題点を指摘された古尾谷知浩氏の論考があり、土器の需要、調達方式、生産様式としての法量規格等が検討されているが[37]、そうした製品の規格化は大量の需要と消費を前提とするものであろう。行基が大須恵院を建立した奈良時代初期の陶邑での須恵器生産は律令国家の饗宴を含む儀式の盛行、官司・寺社等での需要の高まり、行基集団のような民間仏教活動の拡大、都城の成立による官人の集住などを背景として貢納・交易両面において大規模、多様な生産が行われるようになり活況に向かう時期にあったことに留意しておきたい。

大須恵院を支えた氏族

第二に大須恵院が建てられた頃、須恵器生産を生業とした陶邑では氏族構成にどのような特徴が見られるかを見ておかなければならない。『新撰姓氏録』を元として和泉国の氏族分布を考察した吉田晶氏はその特徴として連・直・首などの姓をもつ在地性の強い中小氏族が多いこと、郷名を称する氏族が少なからずいることは彼等が郷名を定めた七世紀末から八世紀前半に当該郷内で政治的・社会的に優位を占める地位にいたことを示すであろうと指摘した。渡来系氏族で郷名を称するのは三氏で、このうち和泉郡信太郷の信太首は須恵器生産の中心地の一である信太郷に由来する数少ない郷名渡来氏族であることを明らかにしている。また郷の比定をとおして、和泉国においては行政区画としての郷が単一な水利関係によって結ばれた農業共同体とは考えがたく、より政治的な人民支配のための行政的区分として把握する必要があることを指摘した。(38)吉田氏の指摘した和泉国の氏族の特徴や郷の性格は陶邑の考察においても基本として留意すべきことと思う。

陶邑の窯跡群は丘陵地を流れる川や谷筋によって東から陶器山・高蔵寺・栂・大野池・光明池・谷山の六地区に区分される。各地区にどのような氏族が蟠踞していたかについては、陶邑氏族の歴史的編成過程を考察した溝口優樹氏の検討結果を参照すれば左のような氏族が該当するという。(39)

高蔵寺地区

陶器山地区 （大村郷）大村直・菱木造・荒田直・茅沼山村主

栂　　地区 （上神郷）神直・大庭造・神人・和田首

（信太郷）信太首・取石造・

大野池地区 （坂本郷）坂本臣（朝臣）・韓国連

光明池地区 （和田郷）和太連・民直・和山守首・和田首・狭山連

谷山池地区 （池田郷）池田首・池辺直・和田首・韓国連

右の内和田郷は大野池地区と光明池地区、池田郷は光明池地区と谷山池地区に渉っている。

右は陶邑古窯群跡の六地区における在地豪族を『新撰姓氏録』をもとに復原したものである。須恵器生産にどの氏族がどのように関わったかを確定することは困難で、『姓氏録』作成当時の在地豪族がその氏祖系譜などから蓋然性が高いとして挙げられたと受け止めたい。浅香年木氏は窯跡群の分布地域に蜂田郷を加え、陶器山地区に隣接する河内国丹比郡狭山郷も想定範囲としている。(40) 蜂田郷には蜂田連（首）、狭山郷には村山連が在地豪族として存在する。森浩一氏は大野寺土塔南方の斜面に初期須恵器窯跡が露出しており六世紀の初頭にこの地に工人が居住した可能性を指摘している。(41) この地の豪族土師氏が須恵器生産と関わった可能性が推測できる。

栂地区の深田遺跡（現大阪府堺市大庭寺町）の発掘調査に当たった中村浩氏は遺跡が須恵器編年のⅠ型式2段階から4段階（五世紀中葉）の時期に当たるものであり、この遺跡は陶邑全域から生産された須恵器がここに集められ、選別された上で全国各地の消費地に搬出されたとみて、その流通遺跡であったとした。深田遺跡は石津川上流の氾濫原に立地している。氏は運搬に破損の生じやすい須恵器は、河川での運搬が最適で、石津川の水運が利用されたと推定し、深田遺跡が搬出基地として良好な場所に立地されたものと判断している。(42) 鷺森浩幸氏はこれを根拠に石津川流域の中臣系氏族蜂田連・大鳥連・殿来連の須恵器生産との関わりを指摘する。(43) さらに以上の推測をもととすれば日下部首や河口に蟠踞した石津連といった氏族も須恵器の生産・流通に関わった氏族と見なせるのではないだろうか。以上に挙げた氏族のうち、大須恵院建立の二十二年後に築造された土塔の知識として参加している氏族を文字瓦の記銘から拾ってみると、大鳥連・日下部首・大庭造・神・大村・荒田直・土師宿祢・坂本臣・池田朝臣・村山連のような氏族が土塔文字瓦の氏族名として見える。土塔に葺かれた推定六万枚の瓦の中には須恵器の技法で焼かれたものが存在し、須恵器工人の参加が指摘されているが、土塔の知識編成に大須恵院での布教活動の成果が表れていると推測される。

和泉国には氏祖を紀朝臣・紀直と同祖とする氏族が多く、この特徴は陶邑の氏族にも該当する。前述の氏族でいえば、大村直・神直・大庭造・和田首・坂本臣（朝臣）・和山守首等が紀系氏族である。また荒田直は『姓氏録』に「高魂命五世孫、剣根命之後也」とあり、剣根命は「葛城直祖」としている。こうした陶邑における紀氏や葛城氏と同祖を系譜とする氏族の存在は、五世紀前半ころ倭王権の下で朝鮮半島との交通に深く関わった紀氏や葛城氏が伽耶系渡来人を陶邑に配置することで須恵器生産が始まったことの痕跡であると溝口優樹氏は考察している。[44] また、鷺森浩幸氏は和泉国に中臣氏や中臣系氏族が濃密に分布することから、特に和泉国大鳥郡、河内国丹比郡の中臣系氏族が陶邑古窯跡群における須恵器生産に何らかの関与をしたのではないかと推測する。氏は中臣氏が大和王権の祭祀を担当する氏族としていくつかの祭祀に不可欠な須恵器の生産・管理に関わり、大鳥郡や丹比郡の中臣系氏族がその執行に携わったと考察した。[45] 行基等の大須恵院建立には近年明らかにされてきた、こうした擬制も含め歴史的に編成された氏族同士の同祖による結合意識も背景にあったことを考慮する必要があると思う。

鎌倉末期の成立とされている『行基菩薩縁起図絵詞』（以下『絵詞』）は数々の潤色にみち、掲載する和泉地域の行基道場についても約六世紀の間に寺院としての転変があり、行基を知るための史料としては信憑し難いものが多いとされている。[46] しかし中には他の史料との比較照合により得難い情報を拾うこともできる。『絵詞』「大修恵寺建立絵編」には「法義真成、為二遺弟一、記二録縁起之大綱一…（中略）…加葉之影向知レ時、…」との文が見える。「大僧正記」によれば法義は土師氏で十弟子の一人、真成は大村氏で行基の親族である。しかも「大僧正記」

には冒頭に「大僧正記云西大国大聖大覚世尊之聖大弟子大迦葉大目犍連等之聖光来東大和国大鳥郡大村大修恵山寺云々」とあり『絵詞』の文言の「加葉之影向」が照応する。法義は釈迦十弟子迦葉に擬せられ、真成とともに行基弟子として大須恵院と深い関係にあったことが推測される。土師氏・大村氏は陶邑の在地豪族とすることができるのでその出身者である師位僧法義と元興寺僧でもあった真成の二人が大須恵院の中心となって道場を運営し、その故に「縁起之大綱」を記録し得る立場にあったことが想定される。法義・真成が大修恵院建立の当初から存在した確証はないが、布教の拠点として最初に大村里が選ばれたのは須恵器生産に協同して関わる多くの氏族との人的紐帯を生かした布教拡大に見通しをもったことが大きかったのではないかと思う。四十九院中唯一当初から「大」の字を冠しているのは大村に建てられた須恵の院ともとれるが、陶邑全体を布教対象とする見通しなり意気込みの表れとも考えられる。

大須恵院建立と『瑜伽論』

第三に須恵器生産地である陶邑が選ばれた要因として『瑜伽論』「菩薩地」の影響を考えておきたい。『瑜伽論』は菩薩の学ぶべき学問の五領域を示しその一つに工業明処を挙げ、次の十二分野を示す。すなわち「営農工業（農業）、商估工業（商業）、事王工業（官人）、書算計度数印工業（書士・経理・測量等）、占相工業（占い）、呪術工業（祈祷）、営造工業（建築）、生成工業（畜産）、防邦工業（織物）、和合工業（仲裁）、成熟工業（飲食）、音楽工業。(47)」の十二分野である。（　）内は『唯識仏教辞典』等で筆者が補ったものであるが、もともとインドで五世紀頃までに行われた伝統的な生業の分類であろう。陶器生産に直接該当する項目はないが、当時の日本における「工」は用例からも技術に関わる仕事を意味していたから、自ずと手工業生産の分野である須恵器生産が行基等の念頭に浮かんだことが推測される。菩薩が有情饒益の実践のために学ぶべしと工業明処の十二分野を挙げるのは『瑜伽論』系統の仏典のみで、『瑜伽論』が最も多く説いており、そうした点に『瑜伽論』の現実的実践性が見られる。工業明処は「菩薩地」巻三十八で菩薩の必須学問分野とされ、必須である理由として以下の四項目をあげている。（一）功力少なく多くの珍財を集めるため（二）諸衆生に利益を与えるため（三）衆生に新奇な発想を促すため（四）様々な技術についての智慧を平等に分配し、すべての衆生を饒益し世話するための四つである。[48]こうした菩薩行の原理は行基等陶邑に関係深い氏族の出身僧等にとっては布教活動を鼓舞するものとなったのではなかろうか。行基等が陶邑に大須恵院を建立するにあたっての示唆となり、また説法を聞いた豪族層を惹きつけた教えではなかったかと考えられる。[49]「技術の智慧を平等に分配」とか「すべての衆生を饒益」というような発想はこれまでにない新しい考え方だったであろう。もちろんそうした教えが説かれていたとの確証はない。ただ天平二年の和泉監知識経に見られる「日下部郷奉書写」というような大領が一郷を率いて写経に参加するという形態は、『瑜伽論』の精神による新たな人民統合とも理解でき、そこに仏教の慈悲による人民観があったために人々はよくついていったのではないかと思う。陶邑の管掌氏族にとっては管轄下の工人集団の意欲を高め束ねる上でも、また工人にとっては生業に励みつつ、善をつみ心も生活も向上するという主体的倫理は魅力的なものだったことと想像される。[50]大須恵院が置かれた高蔵寺地区の須恵器窯跡群は七世紀には一七基であったが、八世紀には三十九基に増加している。これは光明池地区が二三基から四一基へ、谷山地区が一〇基から二五基へと増加しているのと並び須恵器生産の活況を示すものであろう。[51]もとよりその要因としては前述した社会的な需要の増加が決定的なものと考えられるが、中村浩氏の指摘されたような調の規定外で民間に使用されるような新器種（飯蛸壷）が作られたり、金属製の器種（鉄鉢）が丁寧に須恵器で作られる等の器種の豊富化には「菩薩地」の応用が見られるといっては言い過ぎであろうか。

第四節　土塔と大野寺

平城宮からの撤退

大須恵院建立の後、養老六年の弾圧までに行基等が建立した道場は『年譜』によれば以下の通りである。

霊亀二（七一六）年十月五日　恩光寺　在大和国平群郡床室村
養老二（七一八）年四月廿三日　隆福院　在大和国添下郡登美村
養老四（七二〇）年九月十五日　石凝院　在河内国河内郡日下村
養老六（七二二）年二月十日　菅原寺　在右京三条三坊

菅原寺は『年譜』養老五（七二一）年に「寺史乙丸以二己居宅一、奉施二菩薩一、即立二精舎一号二菅原寺一。」とあり、六年に起工記事がある。菅原寺については次節に述べることとして、『年譜』によれば、和銅三（七一〇）年正月の母逝去まで、行基は母に孝養を尽くし看取った後も和銅五年まで生馬仙房で粗衣粗食、修行に励んだとある。この時期、大須恵院の道場運営は弟子が当たったと推測される。恩光寺・隆福院は丘陵地に建てられた山林道場と推測されている。[52]山林に道場を建てているのは、仲間とともに禅行を修しつつ『瑜伽論』の菩薩行を学び、いかに実践するかを練ることを主にし、次第に増える同志のために逐次道場を建てた時期と推測される。この間、和銅元（七〇八）年には遷都の詔が出、造営が開始されると諸国から徴集された役民は労役のつらさに逃亡する者、役期果て帰郷する途中に路上に死亡する者跡を絶たずという状態であった。こうした役民や貢調運脚夫のため交通の要所に布施屋を設けて救済に当たったことは井上薫氏が考察したとおりと思う。[53]養老六（七二二）年民間に布教を行う在京の僧尼に対して実刑を伴うきわめて厳しい太政官符が出され、これを機に行基等は出身地の和泉へ撤退し、布教活動に大きな転機を迎えたとしている。

『年譜』は大野寺の土塔建立までの道場建設を次のように記している。

神亀元（七二四）年　清浄土院高渚　塔十三層云云　在和泉国大鳥郡葦田里今塩穴郷
　尼院　同郡日下部郷高石村
神亀二（七二五）年九月　久修園院山埼　在河内国交野郡一条内
神亀三（七二六）年　檜尾池院　在和泉国大鳥郡和田郷

神亀四（七二七）年二月三日　大野寺　在和泉国大鳥郡大野村
尼院　同所今香琳寺歟、同年

神亀元年に初めて尼院が大鳥郡日下部郷高石の地に建てられている。高石は行基の父方高志氏の出身地と想定されている。(54) 尼院の創設は養老六年の太政官符に在京僧尼が妻子を教化して夫や家を捨てさせ村邑に聚宿させていることを禁断すべしとあり、行基の信者に女性が多かったことは、後の天平三年、行基に従う優婆塞・優婆夷の一部が得度を許されていることからもわかる。女性出家者の活動参加、女性信者（優婆夷）の増加が想定され、行基集団では以後僧院と尼院がセットで建てられてゆく場合が多くなる。神亀二年久修園院の建立については『年譜』に「在㆓河内国交野郡一条内㆒、九月一日将㆓彼弟子修㆒㆓杜多行㆒、到㆓山埼川㆒」とあり、道場を建てながら、他方弟子とともに頭陀（乞食）行をして天下を周遊し、布教活動を行っていたことが知られる。ここで行基は山崎川の河中の柱が道昭の築造した橋の遺構と知り、新たに橋を造り久修園院を建てたとみられる。土木事業を起こし、道場が併設された最初の例である。実は道昭がここに橋を架けた時、道昭もこの地に道場を建てていたことが発掘により明らかにされている。(55) 神亀三年の檜尾池院は院名からすれば檜尾池の築造とともに建てられた可能性が高い。行基集団建設の道場、土木事業の場所の比定については吉田靖雄氏の研究に詳しいが、檜尾は大鳥郡唯一の河川である石津川の上流和田川に並び連なる最奥部の丘陵に位置するとされている。(56) 大野寺土塔はこうした経験の後に始まった。

土塔発掘の意義

『年譜』には土塔の記載がないが、大野寺とともに土塔が建てられていることは、土塔出土の軒丸瓦の刻字から明らかとなった。土塔は日本ではきわめて特異な仏舎利塔である。大正期より積み重ねられてきた土塔研究によれば一時期まで古墳と見なされていたこともある、草に覆われた土饅頭のようであったという。一九九八年から二〇〇六年にわたって行われた発掘調査と報告集により、その形態、築造方法、出土した人名瓦の集成が明らかにされ、土塔の考古学的全貌が解明された[57]。その成果の一つが大野寺の土塔から出土した「神亀四年□卯年二月□□□（□欠字）」と記した軒丸瓦の存在である[58]。『行基年譜』には「聖武天皇四年〈神亀五年丁卯〉大野寺在和泉国大鳥郡大野村、二月三日起」とあり、『年譜』の神亀五年は四年の書写上の誤りであることが判明するとともに、『年譜』の大野寺及び土塔の建立記事が事実であることが立証された。それにとどまらず『年譜』記事中の「年代記」とよばれている道場建立の場所・年月日を記した記述全体の信憑性をも高めることとなり、行基研究にとっては画期的なできごととなったと栄原永遠男氏は研究史とともに指摘している[59]。

成果の二番目は築造当初の形態と外観が明らかにされたことである。そのことから土塔の特徴を挙げると、第一に伽藍内にその一構成要素として他との調和を保って建立される木造五重塔や七重塔等に比べて、塔そのものの存在感や独立性が強いことが注目される。木造の塔は精緻な建築技術や、見た者を圧倒する形態上の美しさや伽藍諸堂との調和といった点が重視されているが土塔にはそれがない。おそらく土塔は権威の象徴としての伽藍、その中心建造物としての塔とは異なり、窣堵波を築くという信仰上の目的そのものが重視されたのであろう。第二に築造方法も土を固めて段台状とし各層に瓦を葺いて十三層に仕上げるという特異な方法が用いられている。第三に出土した文字瓦は判読できないものや一字のみで意味の分からないものを含めて発見されたものだけでも一一〇九点に上る。[60]文字瓦のほとんどは人名で、千人近い僧俗・男女の知識による仏塔建立という事業は奈良時代初期の知識活動として目的・規模ともに前例を見ないものである。一体行基等はどこからこの仏塔建立の構想を得たのであろうか。

独創的舎利塔と「菩薩地」

土塔の形体上の系譜や発想源を巡っては大正以来先行研究が積み重ねられてきており、発掘調査結果の集大成として研究史もまとめられている。[61]その成果を踏まえると土塔の源流は仏陀の舎利を祀ったインドの窣堵波（ストゥーパ）にあり、西域を通して中国へ入り、中国の塼塔のイメージが遣唐使を通じて行基に伝わったのではないかと見るのが到達点である。井上薫氏は玄奘がインド遊学中に見聞した摩掲陀国の雁塔の故事に心惹かれて帰国後大雁塔を建立し、このことを見聞した道昭が西域の土塔や大雁塔のことを行基に伝えた。大野寺土塔はこの線上に成立しているのではないかと考察している。[62]飢えた僧達を捨身により救った雁を記念して建てられたという雁塔の故事は大乗精神を伝える伝承として興味深い。

本論稿では『瑜伽論』「菩薩地」と行基の仏教実践との関係を考察の軸に据えてきたので、窣堵波に関しても「菩薩地」ではどのように位置付けているかを検討してみたい。『瑜伽論』巻四十四「本地分中菩薩地第十五初持瑜伽処供養親近無量品第十六」は菩薩の窣堵波供養について次のように説いている。菩薩は仏陀をどのように供養すべきか、菩薩は善友とどのように親しみ交わるか、菩薩は衆生の幸せを願い抜苦与楽のためにどのような修行をしたらよいかの問いに答えている章である。仏陀供養の対象は窣堵波（塔）、龕、台（仏陀を祀るための建物の一、台閣）、廟（日本の寺か）等である。これらを新たに造ることもまた現にあるものに供養するのも功徳となるとし、仏陀に対する礼拝供養の方法を十種挙げている。その中に「自作供養」と「教他供養」を挙げる。「自作供養」とは他人の手を借りずに自分の手で供養具を整えたりすることとする。「教他供養」は自分だけで供養具を造るのではなく「父母・妻子・奴婢・朋友・僚庶（役人）・親属・及びその他国王・王子・大臣・長者・居士・婆羅門・国邑聚落饒財商主・下一切男女・大小貧匱（貧困者）・苦厄旃荼羅（最下層・カースト外の人）等。及以親教軌範・諸師・共住近住一切弟子。同梵行者・諸出家者・外道等衆[63]」たち、つまりありとあらゆる人たちが「随レ力随レ能」ともに供養することとある。名付けて「菩薩自他咸共供養」つまり菩薩が自他あらゆる人々と共に供養することという。そしてこの自他倶共供養は最大福果を獲得するとも説いている。この供養品が行基と弟子達に影響を与えたのではないかと考える。上は国王から下は奴婢まで、一切の近住の男女が参加して釈迦供養の卒塔婆を造ることは仏陀への最大の供養であり、参加者は最大の福果を受けるという。この思想が土の窣堵波を築いて仏陀を供養するという日本古代にあっては前代未聞の土塔の築造に大きなヒントを与えたのではないだろうか。推測の域を出ないが、おそらく当時行基知識を率いていた各氏族出身の僧達が、各自の氏族の伝統的技術をいかして、千を超える行基集団のそれぞれの「随レ力随レ能」力を結集するために、形体や方法についての智慧を出し合ったのではないだろうか。

土塔建立に参加した人々

文字瓦を分析した岩宮未地子氏は文字瓦の記銘から参加知識を次のように報告されている。人名瓦一〇六九点中僧尼関係一〇二点、有姓九五点、無姓（氏あり）四八点、無姓（名のみ）二七四点、分類不明五五〇点[64]。分類不明は残存状態が悪く判読できないものである。土塔人名瓦は他人に見せるためでなく自らの信仰心の表明として刻銘されたということで諸説一致している。こうした場合氏姓をもった者でも名のみ記したということもあり得るであろうが、古代人の意識からすれば大筋は姓・氏をもつ者はそれを記したと思われる。そのことを前提にすれば、土塔の知識は在地豪族から庶人までを含むと考える。土塔からは円筒状の須恵器に篦書きした願文とおぼしき文の中に「七廟咸登萬」「□帝天皇尊霊□」等の句が読み取れる。本遺物に関しては諸説出されているが、先の供養品の精神を生かして解釈すると、国王の参加をこうした皇帝祖廟や天皇霊への冥福祈願の形で表現したとも考えられる。『年譜』には養老五年五月八日大安寺で百人が得度した時、中に「蜂寺奴」がいたことを記しており、土塔には奴婢身分の参加者も推測される。文字通り「菩薩地」の窣堵波供養の精神が生かされているのではないだろうか。

築造には基礎の各層の土盛りには古墳築造以来の技法が採用されているという。粘土塊を積み上げ外郭としその中に土を入れて固める方法で、これは行基集団修築の狭山池の堤でも用いられており、その精度はきわめて高いという。専門集団である土師氏などの技術によるものとの指摘がある[65]。後期古墳である方墳の方形段台状に窣堵波を構築する案は伝統技術を持つ土師氏出身の僧から出された可能性が強い。瓦に参加の知識が各自篦書きで名を記し信仰の印にするという案は窯業に携わっている陶邑の氏族から出されたであろう。実際瓦の一定量は須恵器職人によって作製されたことが証されている。作成には様々な作業工程にかかわる労働が必要であり[66]、瓦整形後の生乾き状態での刻名や、最終的な瓦葺き作業に至るまで、「随レ力随レ能」った知識総員による組織的な参加であったことが想像される。

土塔の手本

行基が土塔の形を構想する上で参考資料はあったのであろうか。『仏跡図』一巻は内容が伝わっていないが、天平十九年十月九日に写疏所が禅院寺から借り出した疏論等歴名の中に見える[67]。この『仏跡図』は道昭の持ち帰ったものであろう。また「釈迦牟尼仏跡図」と題する薬師寺仏足石は右京四条一坊の禅院寺にあった図を書写したとあるが[68]、この『仏跡図』の中にその仏足石図があった可能性は考えられないだろうか。正倉院文書の注に依れば『仏跡図』は三色三条が嚢に入っていたとあるので、嚢の中にはそれぞれ異なった図が納められていたことが推測される。玄奘の『大唐西域記』(以下『西域記』)や慧立・彦悰著『大唐大慈恩寺三蔵法師伝』には仏跡として最も多く登場するのが窣堵波である。基壇・層龕・覆鉢等の形態も記録されている。薬師寺仏足石記には冒頭に「西域伝云」と『西域記』巻八の摩掲陀国(上)の仏足石についての引用文がある。玄奘がこの仏足石図を写し取ってきてその写しを道昭が持ち帰ったとすれば、三色三条の一つには窣堵波の図があってもおかしくない。しかしこれは憶測の域を出ない。『西域記』は玄奘帰国の翌年、貞観二十(六四六)年には擱筆されているので道昭が帰国の際に将来した経典類に入っていた可能性はある。玄昉は『開元釈経録』に入っていた『西域記』を持ち帰っており、天平十一年に光明皇后一切経書写のため僧正玄昉のもとに奉請された経律論中に『西域記』

が入っている。[69]行基や弟子が『西域記』を読み、随所に記される窣堵波に強い印象を受け土塔のイメージを得るヒントとしたということもありうるのではなかろうか。[70]行基を中心にした高弟が『西域記』等からの構想を出し、実際の形象や築造方法については先述のような技術をもった氏族から様々な提案があり検討の上、あの日本古代にあっては前代未聞の特異な塔、しかしインドにあっては信仰の象徴として独立性の高い窣堵波を模したものが造られたのではないだろうか。

大乗教義による氏族結集

ここで行基等の活動における土塔建立の意義を考えておきたい。次頁表3はこれまでに集成された文字瓦から岩宮未地子氏が土塔参加氏族を抽出、作成した一覧である。[71]一見して和泉・河内・摂津三国にまたがって本貫を有する氏族の参加が見られ、秦氏などは一応摂津に分類されているが、天平三（七三一）年には山城国葛野郡・紀伊郡といった秦氏の根拠地に道場が建てられており、この時期山城秦氏の参加も推測可能である。葛野郡・紀伊郡には行基による堤・橋等の土木事業はなく、氏寺広隆寺を持つ秦氏の根拠地に法禅院・河原院・大井院といった道場を建てているのは行基道場のもつ独自の教義に対する秦氏の帰依からと考えられる。土塔文字瓦に見える豪族は、養老元（七一七）年に平城京下での布教活動が糺弾を受けて以後十年間の布教活動により、さらに拡大した帰依者を包括し知識として組織された豪族たちといってよいであろう。

こうした豪族参加の形態には、後の天平二年の、日下部首名麻呂を大檀越として行われた一郷民全体による『瑜伽師地論』巻二十六の写経事業も想起される。土塔参加の知識のうち姓や氏名を記していない人々の参加形

表3　文字瓦に見える氏族

国	郡	郷	文字瓦に見える氏族名	文字瓦出土点数				「年代記」の四十九院	「天平十三年記」の関連施設
				計	A	B	C		
和泉	大鳥	大鳥	大鳥連	3	2		1	神鳳寺	大鳥布施屋
			高志史	3	2		1		
		日下	日下部首・日下	2		1	1	清浄土院高渚・同尼院、鶴田池院	鶴田池
			山田□〔造ヵ〕（山田造）	2	2				
		上神	大庭造	4		1	3	大庭院	
			神	2		2			
		大村	大村	2		2		大修恵院高蔵	
			荒田直	3	1		2		
		土師	土師宿祢	7	4		3	大野寺・同尼院	野中布施屋、土室池、長土池
			百済君	2	2				
	和泉	坂本	□本臣(坂本臣)	1	1				
		池田	池田朝(池田朝臣)	2	1	1			
			橘連	2	1	1			
	日根	賀美	上村主	1	1				
			□〔根ヵ〕連(日根連)	1	1				
		鳥取	鳥連(鳥取連)	1	1				
	?	?	秦忌(秦忌寸)	4	1	3			
			椋椅	1		1			
			木直	1	1				
河内	錦部	百済	高向調使	1	1				
	石川	佐備	板茂連	2	1	1			
			大友寸主	2	1	1			
			□□〔伴連ヵ〕（大伴連）	1	1				
			佐備臣	1	1				
		?	石川	1		1			
			調	1		1			
	古市	古市	白鳥村主	3		2	1		
	大縣	鳥取	鳥取(鳥取連)	1	1				
	河内	大宅	大宅連	1	1				
	讃良	?	氷宿(氷宿祢)	1	1				
	茨田	茨田	茨田	2		2			茨田堤樋
	交野	?	片野連	1	1				
	若江	刑部	刑□〔マヵ〕（刑部）	1	1				
		?	弥奴	1		1			
	志紀	長野	葛井	1		1			
		拝志	林連	2	1	1			
			林忌寸	2	1				
		土師	土師宿祢	7	4	3			
		?	岡田史	1	1				
	丹比	依羅	矢田部連	13	13				
		野中	船	1			1		
		丹上	川原史	4	3	1			
		菅生	□□〔菅生ヵ〕（菅生）	1		1			
		土師	土師宿祢	7	4	3			
		狭山	村山連	1	1			狭山池院・同尼院	狭山池
		?	津史	1	1				
			丹比連	3	1	1	1		
			丹比宿□〔祢ヵ〕(丹比宿祢)	3	1				
	?	?	秦忌(秦忌寸)	4	1	3			
			秦公	4	1				
			秦人	1		1			
			忍海□〔マヵ〕（忍海部）	1			1		
			木直	1	1				
摂津	西成	津守	津守	1		1		善源院川掘・同尼院、難波度院、枚松院、作蓋部院	比売嶋堀川、白鷺嶋堀川、度布施屋、難波度院
	嶋下	安威	凡河内	1		1			
			大田君	1	1				
		?	鳥甘首	1	1				
	川辺	?	凡河内	1		1			
	?	?	凡海連	1	1				
			委文連	1	1				
			秦忌(秦忌寸)	4	1	3			
			秦人	1		1			
			椋椅	1		1			

＊(　)：推定、？：不明、A：姓あり、B：姓なし、または不明、C：参考資料
＊「『年代記』の四十九院」、「『天平十三年記』の関連施設」は、吉田靖雄『行基と律令国家』（1987年）より引用。
出典：岩宮未知子「文字瓦の分析と考察」（『史跡　土塔　—文字瓦聚成—』堺市教育委員会）

態にはこうした前代からの豪族の人格的支配を前提とした結集もあったことであろう。ただ国家の造都や調庸の運搬が権力的に行われたのとは異なる統合原理がそこにあったために、国家もある意味では及ばぬ結集をなしとげたものと考えられる。

この時期まで行基等はいわゆる土木事業といわれる大工事をほとんど行っておらず、土塔への氏族の結集は氏を中心とした氏寺の原理とは明らかに異なる、新しい仏教信仰による大規模結集を示している。表4は『年譜』「年代記」によって建立の道場を一覧にし、「天平十三年記」に記された土木関係の建造物を配した一覧である。建造物の起工年代は記録がないので、道場建立と近い時期に造築されたという前提で配した。土塔の建立を契機として天平二年から六年にかけて相次いで橋や溝瀆用池、船津、直道等が各地に築造されている。井上光貞氏は行基の土木事業を地域ごとに整理し、「行基のいわゆる社会事業は第一に、仏教に普通にいう慈善救済、即ち、社会的弱者たる病者や貧者に対する慈善救済を超え、畿内先進地帯の交通と開発という、生産的な土木事業を中核としたものであったことがわかる。」と指摘し、それが三世一身法下での畿内豪族層の土地開発気運の盛り上がりを示すものとした(72)。井上氏の指摘された産業支援と信仰の一体化はおそらく陶邑への大須恵院建立にその一歩が置かれていたであろう。民業支援は「菩薩地」の教えである。そうした現実生活での有情饒益の効果に確信しながら行った布教活動の成果が土塔であり、この氏族結集力を基盤にして天平期の土木事業が展開することとなったと思われる。その原動力の中心にいたのが、土塔文字瓦の構成からも推測される約二割の僧尼であったと考える。もちろんこの中には優婆塞・優婆夷の存在も推測されるが、前述したように初期からの各豪族出身の官僧尼が主導した純仏教事業であったところに土塔の意義があると思う。厳しい弾圧後に土塔に示された仏教によ

表4　行基集団の事蹟

NO	西暦	起工時期	歳	院名	所在地	周辺施設
	708	和銅元年十月比		(今大島神宮寺神鳳寺)		
1	704	慶雲元年	37	家原寺(神崎院)	和泉国大鳥郡家原	茨城池、大鳥布施屋、神前船息(日根郡)
2	705	慶雲二年十月	38	大須恵院	和泉国大鳥郡大村里	
3	707	慶雲四年	40	生馬仙房		
4	715	霊亀二年十月五日	49	恩光寺	大和国平群郡床室村	
5	718	養老二年四月二十三日	51	隆福院	大和国添下郡登美村	
6	720	養老四年九月十五日	53	石凝院	河内国河内郡早(日下)村	
7	722	養老六年二月十日	55	菅原寺(喜光寺)	平城右京三条三坊	
8	724	神亀元年	57	清浄土院	和泉国大鳥郡葦田里(今塩穴郷)	
9				尼院	同郡早(日下)郷高石村	
10	725	神亀二年九月	58	久修園院〈山崎〉	河内国交野郡一条内	山埼橋、楠葉布施屋
11	726	神亀三年	59	檜尾池院	和泉国大鳥郡和田郷	檜尾池
12	727	神亀四年二月三日	60	大野寺	和泉国大鳥郡(土師郷)大野村	土塔、土室池、長土池、野中布施(屋)
13				尼院	同所(今香琳寺カ)	
14	730	天平二年三月十一日	63	善源院(川堀カ)	摂津国西成郡津守村	長柄橋・中河橋・堀江橋、度布施屋、比売嶋堀川、白鷺嶋堀川
15				尼院	同所	
16		二月二十五日		船息院	摂津国兎原郡宇治郷	大輪田船息
17				尼院	同所	
18		九月二日		高瀬橋院	摂津国嶋下郡穂積村	直道(高瀬—生馬)、高瀬大橋、高瀬堤樋、次田堀川
19				尼院	同所	
20				楊津院	摂津国河辺郡楊津村	
21	731	天平三年二月九日	64	狭山池院	河内国丹比郡狭山里	狭山池、石原布施屋(丹北郡)
22				尼院	同所	
23		三月二十日		崐陽施院	摂津国河辺郡山本村	崐陽上池、同下池、院前池、中布施尾池、長江池、崐陽上溝、同下池溝、長江池溝、崐陽布施屋、有部池(豊嶋郡)、垂氷布施屋(豊嶋郡)

『行基年譜』より作成

24		九月二日		法禅院〈檜尾〉	山城国紀伊郡深草郷	
25				河原院	山城国葛野郡大屋村	
26				大井院	同郡大井村	
27				山埼院	山城国乙訓郡山前郷无水河側	山崎橋、大江布施屋
28		十月十五日		隆福尼院	大和国添下郡登美村	
29	733	天平五年十月十五日	66	枚方院	河内国茨田郡伊香村	韓室堤樋、茨田堤樋、大庭堀川、古林溝
30				薦田尼院	同所	
31	734	天平六年十一月二日	67	隆池院〈久米多〉	和泉国泉南郡下池田	久米多池、久米多池溝、物部田池〈丹比部里〉
32				深井尼院〈香琳寺〉	同国大鳥郡深井村	薦江池
33				吉田院	山城国愛宕郡	
34				沙田院	不知在所、摂津国住吉〈云云〉	
35				呉坂院	摂津国住吉郡御津	
36	737	天平九年二月九日	70	鶴田池院	和泉国大鳥郡凡山田村	鶴田池
37		九月一日		頭陀院〈菩提〉	大和国添下郡矢田岡本村	
38				尼院	同所	
39	740	天平十二年	73	発菩薩院〈泉橋院〉	山城国相樂郡大狛村	泉大橋、泉寺布施屋
40				隆福尼院	同所	
41				泉福院〈橘橋カ〉	山城国紀伊郡石井村	
42				布施院	同所	
43				尼院	同所	
44	744	天平十六年二月八日	77	大福院〈御津〉	摂津国西城郡御津村	
45				尼院	同所	
46				難波度院	摂津国西城郡津守村	
47				枚松院	同所	
48				作蓋部院	同所	
				報恩院	河内国交野郡楠葉郷	
				長岡院〈菅原寺西岡〉		
	750	勝宝二年三月十五日		大庭院〈如今者号行基院〉	和泉国大鳥郡上神郷大庭村	

る結集力がこの後の各地での大土木事業を可能にしていったのであり、その意味で行基等の教化活動の過程において土塔建立がもった意義は大きかったであろう。

『年譜』には大野寺起工の記事があるのみで土塔の記載はない。土塔は大野寺附属の塔として建てられたからであろう。土塔は行基滅後も何度か修復されたことが明らかになっている。奈良時代後半、南北朝時代製作の瓦も出土しており、平安時代後期には大野寺堂舎の修復も行われているという指摘がある。[73] また平安時代以降の文字瓦も三十一点出土しているという。[74] 安元元（一一七五）年成立の『年譜』には「或堂舎朽失有名無実、或殿堂乍有破壊顚倒矣」と書かれる中で、大野寺と土塔は鎌倉末期まで独自の命脈を保っていたらしい。鎌倉末期成立の『行基菩薩縁起図』には「朱柱の本堂と三棟の小堂に大樹の間に鎮守らしき一社、宝形造りのような九層の土塔が描写せられている」という。[75] 土塔のような仏陀への供養という純粋に信仰の象徴として建立されたものに修復が加えられるということは行基の精神が継承されていたからであろう。

第五節　菅原寺

四十九院を統轄した菅原寺

『年譜』によれば養老五（七二一）年寺史乙丸が己の居宅を行基に布施、翌六年二月十日寺が起工されている。

一九六六年の発掘調査報告によれば現喜光寺本堂基壇は東西二十八メートル、南北二十一メートルの前身建物の上に建てられ、南方に門遺構が発見されている。報告書では「現在知られている南都諸大寺の伽藍に比べ喜光寺での伽藍は小規模なものであったか、あるいは特殊なものであったと考えなければならない」としている(76)。

菅原寺建立の経緯及び宅地を施捨した寺史乙丸については勝浦令子氏の論考に詳しい。平城遷都に当たり菅原の旧住民九十余家は布穀を給付されて移転させられ、新都右京三条三坊には新たな都市民となる人々が遷ってきた。勝浦氏は天平五（七三三）年の「右京計帳手実」に遺る氏族を追究し、中下級渡来系氏族が中心という住民像を再現した。また、右京三条三坊戸主寺史足の戸口寺史妖麿の優婆塞貢進解(77)より寺史氏の右京三条三坊の居住の実在性を証し、これらの史料によって『年譜』が記す寺史乙丸の存在の信憑性は高いとした(78)。

『年譜』養老五年に「寺史乙丸以㆓己居宅㆒、奉㆑施㆓菩薩㆒、即立㆓精舎㆒号㆓菅原寺㆒。」とあり、改めて六年に「菅原寺二月十日起」とある。養老六年は在京僧尼に対して、民間での教化活動を禁ずる太政官奏の出た年である。厳罰は僧尼の出身地の隣保にも及ぶ厳しいものであったから、このような動きを察知した行基が平城京に合法的な拠点をもつために建てたのが菅原寺ではなかったかと思う。四十九院の中では「寺」の号を持つ数少ない施設の一つである。『年譜』には右京三条三坊九坪・十坪・十四坪・十五坪・十六坪とあるが、福山敏男氏は「西大寺所伝京城坪割図（平城京及大内裏考所載）」に延暦頃の寺地として五坪を載せるが、当初は一町の広さであったであろうとしている(79)。「布施」は菩薩の修行である六波羅蜜の第一番に位置付けられ、衆生利益のため菩薩は惜しまず布施することが菩提への道とされる。五ヶ月後には厳しい弾圧が来る社会情勢下で在家者である下級官僚が菅原の地を施捨し、寺が建てらるというところに行基等の活動の浸透と支持者の層の広がりが見られる。寺史乙丸は当然行基等の教説を理解し、共鳴するところがあって居宅を提供したのであろう。こうした事態の出現と五ヶ月後の連座制の実刑を伴う弾圧とは裏腹の関係にあったものと思われる。

行基はこの菅原寺で遷化した。親族弟子真成の記した「大僧正舎利瓶記」には「壽八十二廿一年二月二日丁酉之夜　右脇而臥正念如常奄終於右京菅原寺」とある。平城京に唯一存在する菅原寺が行基の基本的に止住する寺であったことを示すのではなかろうか。『年譜』は臨終の場面を次のように記す。

天平廿一年二月二日、於二菅原寺東南院一、右脇臥身心安穏、数千弟子之中特抜二光信一摩頂告語、汝為二世間眼一、我建立諸院今付二属於汝一、々能々住持、

光信は「大僧正記」によれば翼従弟子の首の一人で、『続日本紀』宝亀三（七七二）年三月丁亥、行基弟子の首勇・清浄・法義とともに十禅師に選ばれている。光信は菅原寺に住して諸院の統轄をした可能性が高いと考えられる。翌宝亀四年十一月辛卯、勅により卌余処の修行の院のうち荒廃していた六院に再興のための施田があった。

菅原寺は相応の仏典を保持していたらしく、天平宝字二（七五八）年に造東大寺司から菅原寺三綱に対して千手千眼経五十巻が要請されている[80]。東大寺悔過所での転読のためという。経典の正確さが要求されるであろうから、道昭の禅院所蔵本による書写かもしれない。正倉院文書には行基が師主となった丹比連大歳の優婆塞貢進解が遺るが、大歳の読経できる経典の中にも千手千眼経が入っている[81]。行基が活動の初期から悔過法要を行っていたことは第三節で述べたが、千眼経五十巻を揃えているところにもそれが窺われる。千眼経をもって官寺に知ら

れる存在であり、規模小なりといえども菅原寺は三綱が存し歴とした寺として認められていた。延暦二十三（八〇四）年に菅原寺は「天平十三年記」を寺牒として官司に提出しているが、「十三年記」の保存、行基業績史料の官への提出などから四十九院の総括寺院だったことが推測できる。その後菅原寺の名は平安末まで史料に見えない。

菅原寺から喜光寺へ

長承三（一一三四）年の西大寺文書に菅原寺は四丁六段の敷地を有するという記録が残っている。[82] 鎌倉時代の記録には菅原寺の名が見えず、もっぱら喜光寺として史料に載る。[83]『行基年譜』には養老五年条に「寺史乙丸以二己居宅一、奉二菩薩一、即立二精舎一号二菅原寺一。」とあるが養老六年条には「喜光寺／菅原寺二月十日起」とある。また天平二十（七四八）年に「天皇行幸菅原、一百人得度、菅原政改乎花光寺ト云額給フ」とあり「花」については「喜」の草体「㐂」の誤写との校注がある。[84] しかし喜光寺の初見史料は建治元（一二七五）年でおそらく鎌倉時代に入って喜光寺と名を改めたのではないだろうか。弘安三（一二八〇）の「西大寺西僧房造営同心合力奉加帳」に般若寺・不退寺・額安寺などと共に喜光寺も二十貫文負担している。[85] 以後西大寺文書や西大寺蔵騎獅子文殊菩薩像胎内経などに名を残しており、西大寺の末寺となったことが推測される。『年譜』の養老六年条は寺地の記載も当初の広さではないとされており、同じく『年譜』の天平二十年「天皇行幸菅原、菅原政（改乎）花（脚注「喜」の草体「㐂」の誤写であろう）光寺ト云額給フ」も後世の書き込みと考えるのが妥当ではないか。

喜光寺の名が史料に見える建治年代は西大寺僧叡尊やその弟子で鎌倉極楽寺開山の忍性等が律宗再興、釈尊回帰を掲げ、菩薩戒による自誓受戒を行って菩薩僧を目指し活躍した時代である。叡尊は寛元三（一二四五）年和泉国家原寺清涼院の住職を獲得し、行基をモデルとした橋・池・道路の築造を行い、行基ゆかりの寺院の復興にも努めている[86]。中世のこの時期は行基信仰が再燃し、顕密体制の下で行基の事蹟が見直された時期に当たる。行基のどのような点が継承されながら中世化してゆくのかについては竹林寺の造営と共に伝わる「大僧正舎利瓶記」「大僧正記」という行基史料の検討の上でも課題が残っており、今後の研究課題としてゆきたい。

行基四十九院は『年譜』の作成された安元元（一一七五）年頃には「所々院々陵遅、或堂舎朽失有名無実、或殿堂乍レ有破壊顚倒矣」という状態であったと作者の泉高父は記している。そうした中で菅原寺は喜光寺と名を変え西大寺の末寺となることでかろうじて「行基菩薩之御聖跡」として寺領を守り命脈を保っていた[87]。

おわりに

行基四十九院の意味は国家の仏教政策に対して自立的・自律的宗教活動の拠点であったところにあるとの石母田正氏の指摘は行基道場の本質を衝いたものと思う[88]。初期道場は一〜一〇年の間隔で一院ずつ作られており、ここでは『瑜伽論』「菩薩地」の思想をよく理解した同志的官僧尼が中心となって道場を運営したことが推測される。教化活動の持続の中で自前の優婆塞・優婆夷を養成し、国家に得度を要請し、国家に官僧尼として公認されることで、彼等を各道場に配置し菩薩僧尼のさらなる養成や民衆布教にあたったと考えられる。天平三（七三一）年の一部公認から年間七〜六院と急激に畿内各地に院が建設される背景にはそうした事情が考えられる。その点では、天平三年の行基集団への得度許可は国家の行基等に対する懐柔策との解釈があるが、行基の側が、菩薩僧をめざす優婆塞・優婆夷の得度公認を求める動きを見ておく必要があるのではないかと思う。大須恵院で見たように各地の道場には原則として地縁をもつ豪族出身の僧尼が止住し、養老六（七二二）年の弾圧以後は米田雄介氏の指摘のように氏族的繋がりによる地域開発と結びついた布教形態に転換したと解するのが適切と思う[89]。四十九院の性格・機能は設置の場所、組織を維持する上で負った役割がそれぞれ異なっている。大須恵院は最初に建立された道場で須恵器生産に携わる氏族を中心として行基の教化活動の人的・物的基盤となり、没後まで行基との繋がりが深かった。大野寺は養老六年厳しい弾圧を受けた後の行基集団の総結集をはかったと推測させる土塔の建立により、その後の各地での各種事業において知識結集をするモデルとなったのではないだろうか。菅原寺は四十九院の中で唯一平城京の中に存在し、四十九院の統轄的役割を果たしたことが推測される。

注

（1）石村喜英「行基の弟子列伝と一・二の問題」（櫛田良洪博士頌寿記念会編『高僧伝の研究』山喜房仏書林、一九七三）は高弟の分析、その果たした役割、四十九院の経営との関係等の視点から行基仏教の実践を論じた数少ない論考の一つである。

(2)『続日本紀』天平勝宝元年二月丁酉条「道俗慕レ化追従者、動以レ千数。」『大僧正記』「十弟子、翼従弟子千有余人、侍者千有余人、親族弟子百有余人」『東大寺要録』巻第一本願章第一「弟子三千一百九人」『僧綱補任抄出』上「門弟三千一百余人」

(3)「僧尼令」非寺院条「別立二道場一。聚レ衆教化。」は還俗とする。同禅行条「凡僧尼有二禅行。修道一。意楽二寂静一。不レ交二於俗一。」と厳しい許可制をとる。両条とも僧尼と俗人との接触を禁じており日本古代特有の規定といえる。

(4) 二葉憲香「行基の生涯と反律令仏教の成立」(『南都仏教』第九号　一九六一、『古代仏教思想史研究』永田文昌堂　一九六二)

(5)『行基菩薩伝』は「廿四具足戒〈戒師高宮寺徳光禅師〉」とする。『菩薩伝』は平安時代の成立で、『霊異記』およびそれを受けた『三宝絵詞』等が依拠した伝承と同様に決定的史料とはなし難い。また養老元年のこの時期の戒律制度については上川通夫「律令国家形成期の仏教」(『仏教史学研究』第三七巻第二号　一九九四)で朱鳥元(六八六)年頃には四大寺(法興・大官大・薬師・川原)に十師による具足戒授戒の制度が整備されていたとして、天武朝末年には沙弥(小僧)・比丘(大僧)・師位僧等の存在を肯定している。

(6) 古瀬奈津子「唐日両令対照一覧、道僧格・僧尼令」(仁井田陞『唐令拾遺補』東京大学出版会　一九九七)

(7)『大唐六典』巻四は道士・僧侶に対する大綱的見解を示し、「合構朋党」のみで還俗とするが、「僧尼令」は「若合構朋党。擾乱徒衆。」というひと繋がりの行為を違法とする。『令集解』の法家は「徒衆」を「僧尼」とする。三宝物条後半に「若集論レ事。辞状正直。以レ理陳諫。不レ在二此例一。」『集解』古記は「集論」を「寺内雑政之」とする。つまり「僧尼令」の「合構朋党」は寺内で僧尼が仲間を作って論争することを想定して作られたものである。その条文の用語が寺を横断して仲間を作った行基集団に適用されたと考えられる。

(8) 田中禎昭「日本古代の友について」(『村のなかの古代史』岩田書院　二〇〇〇)

(9)「古記」は具体例を引いて解釈を示すことが多いとされるが、「僧尼令」非寺院条「別立二道場一。聚レ衆教化」「精進練行」の例としてともに「行基大徳行事是」と行基の仏教活動を肯定的に引用している。

(10)舟ヶ崎正孝「霊亀~養老期の僧尼の動向」(『国家仏教変容過程の研究—官僧体制史上からの考察—』雄山閣　一九八五)

(11)中井真孝「民衆仏教の発展」(『日本古代の仏教と民衆』評論社　一九七三)

(12)米田雄介「行基と古代仏教政策」(『歴史学研究』三七四　一九七一、日本名僧論集第一巻『行基　鑑真』吉川弘文館　一九八三)

(13)『行基年譜』の史料性は序章「本論考の課題」を参照。

(14)『日本書紀』欽明天皇十三年十月「百済聖明王、遣二西部姫氏達率怒唎斯致契等一、献二釈迦仏金銅像一躯・幡蓋若干・経論若干巻一」同敏達天皇六年十一月庚午朔「百済国王、付二還使大別王等一、献二経論若干巻、并律師・禅師・比丘尼・呪禁師・造仏工・造寺工、六人一」同敏達天皇八年十月「新羅遣二枳叱政奈末一進調、并送二仏像一」同敏達天皇十三年九月「従二百済一来鹿深臣、有二弥勒石像一躯一。佐伯連、有二仏像一躯一」

(15)上川通夫「ヤマト国家時代の仏教」(『古代文化』第四六第四号　一九九四)、上川通夫　前掲注(5)

(16)推古紀十四年四月壬辰条に「自二是年一初毎レ寺、四月八日七月十五日設斎。」とある。四月八日・七月十五日は夏安居の開始と終了の日であり、夏安居は僧尼の戒律上の生活である。「毎寺」は推古二年諸臣連が君親恩のため建立した寺でそこに一族が参加して戒律に基づく設斎を行うことが国家的法会の最初である。以後天武紀十四年三月壬申条「諸国毎レ家、作二仏舎一」と持統紀八年五月癸巳条の「以二金光明経一百部一、送二置諸国一。必取二毎レ年正月上玄一読レ之。其布施、以二当国官物一充レ之。」に至るまで国家が主催したのは基本的に戒律仏事であったと上川氏は前掲注(15)で指摘している。

(17)『類聚三代格』年分度者事延暦廿五年正月廿六日太政官符
(18)『続日本紀』天平十六年十月辛卯条
(19)勝浦令子「仏教と経典」(列島の古代史　ひと・もの・こと7『信仰と世界観』岩波書店　二〇〇六)は七世紀中頃になると特定の経典が教義理解を伴って理解されるようになると指摘している。国家法会に転読される経典で捨身供養を説くのは『金光明経』巻二十四「除病品」巻二十五「長者子流水品」巻二十六「捨身品」(十巻本による)等がその一例である。
(20)正倉院文書　続集十八(『大日本古文書』二―三二三)天平十四年十二月二十三日付け優婆塞貢進解、出家人船連次麻呂は河内国丹比郡野中郷戸主正六位上船連吉麻呂戸口、読経の中に「瑜伽菩薩地壱十六巻」と見える。
(21)「大僧正記」についてては史料の検討が必要である。第五章を参照されたい。
(22)吉田晶「和泉地方の氏族分布に関する予備的考察」(小葉田淳教授退官記念『国史論集』一九七〇)
(23)吉田孝「律令国家の諸段階」(『律令国家と古代の社会』岩波書店　一九八三)
(24)新川登亀男『社会的結合としての行基集団に関する基礎的研究』(平成八～九年度科学研究費　基盤研究・研究成果報告書　一九九九)
(25)三崎良周「奈良時代の密教における諸問題」(『南都仏教』第二十二号　一九六八)、行基が師主となっている丹比連大歳の優婆塞貢進解の誦経に『八名普密経』があるが(続々修二十八帙五裏『大日本古文書』二四―三〇二)三崎氏によれば七仏薬師経や八名普密経など密教系経典は奈良時代懺悔法の経典として読誦されたという。
(26)『日本霊異記』中巻第八、第二十九、『行基年譜』行年三十七歳条
(27)佐伯有清『新撰姓氏録の研究　考証編』(吉川弘文館　一九八二)
(28)田村圓澄「行基と平城京造営」(『史淵』第百十二輯　一九七五、『日本仏教史』2　法蔵館一九八三)、吉田靖雄「思

索と試行の生活」『行基と律令国家』（吉川弘文館　一九八七）、井山温子「和泉地方における行基集団の形成―とくに須恵器生産者との関連から」（『史泉』第六六号　一九八七）、北條勝貴「行基と技術者集団」（『行基事典』国書刊行会　一九九七）

(29) 中村浩「陶邑窯の展開」（『和泉陶邑窯の歴史的研究』芙蓉書房　二〇〇一）、菱田哲郎「須恵器の生産者―五世紀から八世紀の社会と須恵器工人」（列島の古代史　ひと・もの・こと4『人と物の移動』岩波書店　二〇〇五）

(30) 西口壽生「左京六・七条二坊の調査」（『奈良文化財研究所紀要』二〇〇一）

(31) 早川庄八「律令財政の構造とその変質」（彌永貞三編『日本経済史大系』Ⅰ　古代　東京大学出版会　一九六五、『日本古代の財政制度』名著刊行会　二〇〇〇）同「公廨稲制度の成立」によれば天平九年和泉の死亡による出挙の免稲は本稲に対して四四%とある。

(32) 森明彦「陶邑・ミツキ・大嘗祭」（『大阪の歴史と文化』和泉書院　一九九四）

(33) 古尾谷知浩「律令制下における土器の生産と流通」（『文献史料・物質資料と古代史研究』塙書房　二〇一〇）、荒井秀規「延喜主計式の土器について」（下）（『延喜式研究』第二一号　二〇〇五）延喜本式がいつ頃の実態を反映したものか諸説紹介し、開始時期については八世紀前半代とする説をあげ、改変・減停があったが式編纂時の十世紀前半までは式に基づく供進が続いたとしている。

(34) 中村浩「陶邑窯の発展」（前掲注（29））

(35) 『続日本紀』養老六年七月己卯太政官奏「（人之妻子）負レ経捧レ鉢。乞二食於街衢之間一。」同天平三年八月癸未詔、行基弟子優婆塞・優婆夷の一部入道許可中「自余持レ鉢行レ路者」『令集解』僧尼令非寺院条、乞食許可の条件「勘二知精進練行一」古記に「謂行基大徳行事是」、『行基年譜』神亀二年九月一日「将彼弟子修二杜多一（頭陀）行」、『類聚三代格』僧綱員位階并僧位階事宝亀三年三月廿一日太政官符、行基弟子四人を含む十禅師任命の条件に「以息二

乞食之営二」とあり一貫して行基集団の乞食重視が読みとれる。

(36)中村浩（前掲注（29））

(37)古尾谷知浩（前掲注（33））

(38)吉田晶（前掲注（22））

(39)溝口優樹「氏族分布からみた初期陶邑古窯跡群」（『日本歴史』七八四　二〇一三）

(40)浅香年木「須恵器生産と陶部の関係」（『日本古代手工業史の研究』法政大学出版局　一九七一）狭山郷の須恵器古窯については『特別展　考古学入門　狭山と須恵器』（大阪狭山市立郷土資料館編　一九九五）『特別展　狭山池築造と須恵器窯』（大阪狭山市立郷土資料館編　二〇〇四）に発掘調査結果が載る。

(41)森浩一「大野寺の土塔と人名瓦について」（『文化史学』第一三号　一九五七）

(42)中村浩「陶邑の成立」（前掲注（29））

(43)鷺森浩幸「陶邑古窯跡群と中臣系氏族」（『和泉市史紀要』第一一集　二〇〇六）

(44)溝口優樹（前掲注（39））

(45)鷺森浩幸（前掲注（43））

(46)堀池春峰「行基菩薩縁起図絵詞―史料紹介―」（『日本仏教』第五・六号　一九五九、『南都仏教史の研究』上　法蔵館　一九八〇）

(47)大正新修大蔵経　一五七九―三六一　b4～b9

(48)大正新修大蔵経　一五七九―五〇三　a12～a19

(49)井上薫「平城京造営と布施屋設置」（『行基』吉川弘文館　一九五九）は行基の道場や布施屋建設に『瑜伽論』や『菩薩地持経』に説く工巧明等の五明（菩薩の学ぶべき学問）を示唆している。

(50) 長山泰孝「行基の布教と豪族」(大阪大学教養部人文・社会科学『研究集録』第十九輯　一九七一)は畿内豪族が行基を支持した理由として彼の仏法に豪族の世俗的な生業を鼓舞する実践倫理があったからと考察しているが、まさに『瑜伽論』「菩薩地」は有情饒益のための菩薩の実践として生業援助を位置付けており、現世利益を説いている。そもそも釈迦の教えが現世における抜苦与楽を説くものであり、大乗思想の発達が、こうした衆生利益の実践を生み出していったと考えられる。。

(51) 窯跡数は中村浩(前掲注(29))と『泉州における遺跡の調査Ⅰ　陶邑Ⅷ　大阪府文化財調査報告書第四六輯』(大阪府教育委員会　一九九五年)によって算出したとする。溝口優樹(前掲注(39))によった。

(52) 吉田靖雄(前掲注(28))

(53) 井上薫「行基の布施屋と貢調運脚夫」(『日本歴史』第八二号　一九五五、日本名僧論集第一巻『行基　鑑真』(吉川弘文館　一九八三))

(54) 井上薫「家系と氏族的環境」(『行基』吉川弘文館　一九五九)

(55) 近藤康司「行基建立四十九院の考古学的検討」(『行基と知識集団の考古学』清文堂出版　二〇一四)

(56) 吉田靖雄「行基帰郷中の建立寺院」(前掲注(28))

(57) 堺市教育委員会『史跡　土塔―文字瓦聚成―』(二〇〇四)、同『史跡　土塔―遺構編―』(二〇〇七)

(58) 近藤康司「軒丸瓦」(堺市教育委員会編『史跡　土塔―文字瓦聚成―』二〇〇四)

(59) 栄原永遠男「大野寺の土塔の知識」(和泉市教育委員会編『和泉市史紀要』一一　二〇〇六)

(60) 岩宮未地子「文字瓦の分析と考察」(堺市教育委員会『史跡土塔―文字瓦聚成―』二〇〇四)

(61) 白神典之「学史」(堺市教育委員会編『史跡　土塔―遺構編―』二〇〇七)、岩永省三「段台状仏塔の構造と系譜」(同上)

(62) 井上薫「和泉国大野寺土塔の源流」(『文化財学報』第一集　一九八二)

(63) 大正新修大蔵経　(一五七九―五三三c一八～五三四a五)(　)内の訳語は『唯識仏教辞典』を参照した。

(64) 岩宮未地子(前掲注(60))

(65) 岩永省三(前掲注(61))

(66) 古尾谷知浩「文字瓦と知識」(『文献史料・物質史料と古代史研究』塙書房　二〇一〇)は、正倉院文書「造東大寺司告朔解」(続修三五、『大日本古文書』五―一八八～一九五)(続修別集三三、『大日本古文書』五―三七五～三八三)に開埴穴、堀積埴、打埴、作瓦、焼瓦、採薪、修理瓦屋、掃浄瓦屋、修理瓦窯、雑工等廝等が挙がり、打埴・採薪に最も労働力を必要とするとある。土塔築造にも一端が知られる。

(67) 正集二裏書(『大日本古文書』二―七一〇)

(68) 『寧楽遺文』下巻金石文〇仏足石記

(69) 続々修十九帙二(『大日本古文書』七―三三五)

(70) 行基が『西域記』を読んでいた可能性は『年譜』に「大国有給孤独園而養息孤独徒。」との行基の言も参考になる。給孤独園の実在性は『西域記』巻六、室羅伐悉底国・給孤独園に詳しい。『日本後紀』弘仁三年(八一二)八月癸丑条勅に「故大僧正行基法師爲㆑矜㆓孤獨㆒所㆑置也。」と行基の意図を示す。

(71) 岩宮未地子(前掲注(60))

(72) 井上光貞「行基年譜、特に天平十三年記の研究」(竹内理三博士還暦記念会編『律令国家と貴族社会』吉川弘文館　一九六九、日本名僧論集第一巻『行基　鑑真』吉川弘文館　一九八三)

(73) 近藤康司「軒瓦の編年からみた大野寺・土塔の盛衰」(『史跡　土塔―文字瓦聚成―』堺市教育委員会　二〇〇四)

(74) 岩宮未地子(前掲注(60))

(75) 堀池春峰「家原寺蔵　行基菩薩縁起図」(『仏教芸術』第四八号　一九六二、『南都仏教史の研究』上　法蔵館　一九八〇)

(76)『菅原寺―喜光寺旧境内緊急発掘調査報告書―』(『奈良県文化財調査報告書』第一二集　一九六九)

(77) 続々修十一帙二裏(『大日本古文書』二四―三〇一)

(78) 勝浦令子「行基の活動と畿内の民間仏教」(『日本古代の僧尼と社会』(吉川弘文館　二〇〇〇)

(79) 福山敏男『奈良朝寺院の研究』(高桐書院　一九四八、復刻版　綜芸舎　一九七八)

(80) 続々修三十九帙三裏(『大日本古文書』一三―四八五)、また年月日を記していないが、続々修十六帙(『大日本古文書』一四―二五四)に天平宝字二年十一月十四日類収として元興寺・薬師寺とともに菅原寺の千手経五十巻がかり出されている。

(81) 続々修二十八帙五裏(『大日本古文書』二四―三〇二)

(82)『平安遺文』第五巻二三〇二

(83)『鎌倉遺文』第十六巻一二〇八二、第十九巻一四一〇三、第二十六巻一九六六八〜七〇、第二十八巻二一一一九、第三十四巻二五八三六、第三十五巻二七二五一

(84)『行基年譜』(『行基事典』国書刊行会　一九九七)

(85)『鎌倉遺文』第十九巻　一四一〇三

(86) 和島芳男「西大寺叡尊」(『叡尊・忍性』吉川弘文館　一九五九)

(87) 前掲注(83)二五八三六、二七二五一には喜光寺領菅原庄が継承されていることがわかる。

(88) 石母田正「国家と行基と人民」(『日本古代国家論』第一部　岩波書店　一九七三)

(89) 米田雄介　前掲注(12)

第五章　「大僧正記」（「師徒各位注録」）について

はじめに

同時代史料に乏しい行基研究にあって、「大僧正記」と呼ばれている史料がある。実態は行基の弟子歴名帳ともいうべきものであるが十弟子・翼従弟子・（故）侍者・親族弟子といった分類の下に、それぞれのグループを指導した高弟の法名と出身氏族名、師位・半位、所属寺院等が注記されており、行基集団の指導層を知る上で好個の史料である。近年土塔から出土した文字瓦にのみ名を残す僧名が本史料中の僧名と一致したことから信憑性も高まっている。写本の校訂、この史料の作成された時期や、公にされた時期等をめぐり未解決な問題が残っているので、行基集団の弟子像を明らかにする上でも本史料に考察を加えたい。

第一節　研究史と写本の検討

四写本の「大僧正記」

近年行基研究で引用される「大僧正記」と呼ばれる史料は、写本から判明する実態を見ると、半紙一枚足らずの行基弟子歴名を主体としたものである。行基四十九院の一である大野寺土塔の全面的な発掘調査が行われ、二〇〇四年出土文字瓦の集成が発表されたが、その中に「神蔵」「帝安」の名を記す文字瓦が確認された。「大僧正記」中の弟子歴名中にも同じ僧名が存在して両者は同一人物と解されている。二人の名は他の史料に全く残っていないことから、「大僧正記」の史料としての信憑性が一躍高まることとなった[1]。

行基研究において「大僧正記」という史料の存在が明らかになったのは、一九一七年に日下無倫氏が唐招提寺所蔵の一巻について詳細な紹介と考察を加えて発表したことによる（以下これを甲本と呼ぶこととする）[2]。「大僧正記」という史料名もそのとき日下氏が便宜的に付けたものが踏襲されてきた。その後本史料は注目されることなく、戦後朝枝善照氏が論考の中で再紹介したことにより行基研究において注目されるに至った[3]。ところが一九八二年に安倍嘉一氏が唐招提寺で閲覧した「大僧正記」は日下氏閲覧のものと装丁・内容ともにかなりの異同があり安倍氏はこれを別本とした（以下これを乙本とする）[4]。さらに吉田靖雄氏が宮内庁書陵部所蔵池底叢書所載の「大僧正記」を閲覧（これを丙本とする）、氏は池底本をもとにして甲、乙、丙三写本の異同を作成し、「大僧正記」中の弟子に考察を加えた[5]。二〇一四年、筆者は早稲田大学図書館所蔵写本『竹林寺縁起』に、「大僧正行基舎利瓶記」末尾に連続して「大僧正記」が収められていることを知り、同図書館のご厚意によりこれを閲覧することができた（これを丁本とする）。

そこで以上四写本の所蔵されていた状態を比較検討したい。日下氏閲覧の唐招提寺本（甲本）は『行基菩薩事蹟記』（以下『事蹟記』）と題する一巻中に納められていた。『事蹟記』は著者を異にする三四の別伝を合綴しており、その中に「大僧正舎利瓶記」も含まれていた。『事蹟記』の題簽の目次は「大僧正記」を『大僧正師徒各

位注録』としてあり、この内容は半紙一枚足らずのもので、所々朱により異本との校合の跡があると報告している。(6)

戦後安倍嘉一氏閲覧の唐招提寺蔵「大僧正記」(乙本) は印籠蓋づくりの溜塗りの箱に収められ、箱の表に

行基菩薩起文遺戒状
同　御廟子細注進状　　合三巻　唐招提寺
同　舎利瓶記

と紙に墨書して貼りつけられていた。中のものは巻子本仕立てで、題簽はなく、箱書きの目録に題名のない「大僧正記」は「舎利瓶記」のあとにつづいて引かれているという。遺戒状・注進状・舎利瓶記はともに筆致が同じで、装丁は全体に大中小の金・銀の箔、砂子、芒を撒き散らしてあり、書写当初のものとは考えられないとされた。安倍氏は同じ唐招提寺所蔵であるが、日下氏閲覧本とは所蔵状態も装丁も内容も相違しており、両者は別本であると判断し、また日下氏閲覧の『行基菩薩事蹟記』は当時存在していないことも確認している。(7)

吉田氏閲覧の「大僧正記」(丙本) は筆者も閲覧の機会を得たが、池底叢書第三十一冊に所収され、表紙に「行基菩薩遺誡」「行基大僧正舎利記」「同大僧正記」「行基式目」「禅林小歌註」「圭峰定慧禅師遥清涼國師書」と内容を記す題簽が付されている。「遺誡」から「式目」までは同筆と思われ「大僧正記」は「舎利記」に続き頁を改めているがこれのみ題名を書かずに、「舎利記」に続く形でいきなり「大僧正記云」の本文で始まり、奥書に同

筆で「右得二和之竹林寺本一校之所写加也」の識語がある。[8]

早稲田大学図書館所蔵の「大僧正記」（丁本）は続々群書類従刊行にあたりその原稿として書写されたものである。帙の題簽に「竹林寺縁起〈国書刊行会原稿〉一冊」とあり、和綴じで、「竹林寺略録」「起文遺戒状」「大僧正行基舎利瓶記」「謹注進奉開行基菩薩生駒御廟大和国有里村子細事」「生駒大聖竹林寺信願徧律師略伝」「十種大願」「良観上人舎利瓶記」の七史料を収めている。「大僧正記」は題名を立てず、「舎利瓶記」の続きに収載されている。現在明らかにされている写本は以上の四写本である。そこで便宜上日下氏紹介の甲本を基にして四写本の異同を検討した。「大僧正記」甲本を左に再録する。

① 大僧正記云、西大（天の誤か）國、大聖大覺世尊之
② 聖大弟子、大迦葉大目犍連等之聖、光來東大和
③ 國大鳥郡大村大須惠山寺云云僧西光氏書、越大
④ 僧正行基法師斯是和尚謂也、
⑤ 　十弟子僧　並師位。
⑥ 景静弓削氏　玄基尾張氏　法義（一本蔵）土師氏
⑦ 行林犬貝氏　神忠高志氏　延豊秦　氏
⑧ 慈深辛國氏　平則坐　氏　首勇河原氏
⑨ 崇道大唐蘇氏

⑩　翼従弟子千有餘人
⑪　井浄師位　善景師位　延暁半位
⑫　光信半位　惠教　迦成
⑬　信定　徳善　是等爲レ首
⑭　侍者千有餘人
⑮　靈勝　神藏　惠琳
⑯　隆基　主安　帝安
⑰　行勝　信嚴　明辨
⑱　聖耀　是等爲レ首
⑲　親族ノ弟子百有餘人
⑳　元興寺僧眞成大村氏　薬師寺僧浄安高志氏
㉑　明者（一本看に作る）　高息（息の字一本恩に作る）
㉒　元興寺亮續　泰均　是等爲レ首　（○数字は行数を示し、校定の便宜のために付した）

四写本の異同と校定

四写本の異同を一覧にしたものが表5である。以下内容理解および写本の系譜を明らかにする上で重要な異同を取り上げ問題点を述べたい。

第一に乙・丙・丁本には各僧名の下に全員「法師」が付いている。甲本では全てに法師を付けていない。僧位について実際の史料を帰納し詳細な考察をされた山田英雄氏によれば、天平宝字四年以前に法師が付くのは僧綱任命者ないしそれ相当の僧のみで、師位僧よりも上位の立場に置かれたと検証されている。(9) 行基の死後間もない時期の史料とされていることからすれば、甲本の歴名表記が原本に近いであろう。法師が出家者一般の呼称となるのは今特定することができないが、かなり時代が下ってからである。正倉院文書の班田師、画師、経師等歴名にも敬称はない。内部の資料の性格が濃いと見られる本歴名帳では「法師」が付かない甲本の方が原本に近いと判断できるであろう。

第二に甲本⑬⑱㉒行目に記す「是等爲レ首」は各グループに列挙された六〜十人が千余人とか百余人を率いる「首等」であったという表現であろう。乙・丙・丁本では「為レ首」が最後の一人にのみ付いている。「首」は統率者を意味する。もし一人であるならば、歴名全体の表現形式からいってその人物は各群の頭に置くのが自然である。十弟子の筆頭に景静がいるのも、「舎利瓶記」に弟子を代表して名が記され、大仏開眼供養にも都講とし招請されており、行基弟子を代表する人物であったからであろう。師位・半位の僧位をもつ僧を先に記しているのも社会的な僧位の順を意識して書かれている。こうしたことからすると「首」たる僧を最後に書くのは不自然である。甲本の「是等為レ首」の表記は、この歴名帳に載る僧たち全員がそれぞれのグループの指導者であったという意味であろう。最後尾の一人を「為レ首」とする乙・丙・丁本よりも甲本の「是等爲レ首」の表記の方が全体の表記法からみて理にかなっているといえよう。しかもこれは行基集団の組織性をどう理解するかにかかわる重要な異同である。

表5　四写本の異同一覧

行数	甲　本	乙　本	丙　本	丁　本
1	大僧正	大僧上	大僧正	大僧正
3	云々	ナシ	ナシ	云々
4	僧正	僧上	僧正	僧正
4	和尚	和上	和上	和上
5	十弟子僧	十弟子僧	十弟子	十弟子僧
5	並師位(大字)	並師位(小字)	並師位(小字)	並師位(小字)
6	景静	景静法師　＊1	景静法師　＊1	景静法師　＊1
6	弓削氏	弓削師	弓削氏	弓削氏
7	犬貝氏	犬月氏	犬耳氏	大井氏　傍貝
7	秦氏	泰氏	拳氏	拳氏
8	坐氏	巫氏	ナシ	一笠氏　傍巠
12	迦成	迦咸法師	加成法師	迦成法師
13	是等為首(大字)	為首(大字)	為首(小字)	為首(大字)
14	侍者	故侍者	故侍者	故侍者
18	是等為首(大字)	為首(大字)	為首(小字)	為首(大字)
19	親族ノ弟子	親族弟子	親族弟子	親族弟子
20	大村氏	大村氏人也	大村氏人氏	大村氏人也
20	高志氏	高志氏人也	高志氏人氏	高志氏人也
21	明者	明者法師	明者法師	明者法師　傍看
21	高息	高息法師為首(大字)	高息法師為首(小字)	髙息法師為首
22	亮續	高續	亮續	亮續
22	是等為首(大字)	為首(大字)	為首(小字)	為首(大字)

著者作成。行数は178頁甲本の頭部の数字による
＊1　乙・丙・丁本には全僧名の下に法師がついている

第三に甲・丁本の③行目には「云云」とあり「大僧正記」の引用が「云云」の前の「大須恵山寺」までとわかる表現となっている。乙・丙には「云云」がない。奈良時代史料の引用形式は「云・・・云云」が多い。転写の段階で「云云」を補うことは校合を行った場合以外ありえないであろう。この点では甲本・丁本の表記が原型に近いとみてよいのではなかろうか。

第四に7行目甲本「行林犬貝氏」が乙本「犬月氏」丙本「犬耳氏」丁本「大井（貝傍書）」となっている。犬月・

犬耳は『新撰姓氏録』『姓氏家系大辞典』にも掲載がない。[10]「犬貝」は「犬養」の音通で書かれたことが推測できるが、「犬月」「犬耳」「大井」はすでに古代氏族の氏名への理解が失せた段階での不注意な誤写と見なすことができるのではないだろうか。これは⑦の「秦氏」の表記にも見られる。

第五に「大僧正記」は一見、釈迦の弟子に擬えて弟子集団をグループ化していることがわかる。十弟子・侍者は諸仏典に遍く登場する。但し仏典では釈迦の侍者は阿難一人を指しているが、ここでは千余人の大弟子集団を「(故)侍者」集団に所属させている。なお甲本では「侍者」とするが、乙・丙・丁本では「故侍者」となっている。「故」を「既に亡くなった」の意味に解する説があるが、死去の弟子であれば「故弟子」が自然であり、死去弟子等だけを「侍者」という仏陀に近侍した弟子の名称で括るのは不自然であり、死者のグループに指導者である首を置くことも不自然である。師位・半位で死去した者が一人もいないという不自然などからも「故侍者」の意を死去した弟子グループと解することは適切でないといえる。従って、「故」は「もとからの。昔からの」の意味ととる方がよいであろう。神亀四年(七二七)の土塔建立に参加している神蔵・帝安の名が見えることもそれを裏書きしている。釈迦弟子のありかたを範とした分類とすれば甲本の「侍者」が原本表記とも考えられるが、「大僧正記」を参照して書いた可能性が極めて高い凝然の『竹林寺略録』が「故侍者」と表記しており、[11]原本が「故侍者」となっていた可能性も考えられる。

第六に親族弟子の出自である氏の表記も、十弟子の出自の書き方と比較してみると甲本は全体としての統一が取れた表記であり、乙・丙・丁本は史料として統一性を欠く上に、丙本が親族弟子真成等に「大村氏人氏」とするのは意味不明である。

さらに「大僧正記」と併出関係にある「大僧正舎利瓶記」（この点については次節で述べる）に関して甲・乙・丙・丁本を検討すると丙本併出の「舎利瓶記」に一番誤字脱字が多い。甲・乙・丁本併出の「舎利瓶記」は丁本の一字の誤写を除いて三写本間に異同はない。(12)「舎利瓶記」の誤写の多さは「舎利瓶記」と一連の史料として伝わる「大僧正記」における誤写と連動していると考えてよいであろう。

以上、主な異同を検討した上で総合的に判断すると日下無倫氏が一九一七年頃に唐招提寺で閲覧した『行基菩薩事蹟記』に収められていた甲本が「大僧正記」としては最も原本に近い形を保っている、つまり原本に近いことが判明する。そして乙・丙・丁の三写本間の異同は少なく、甲本と三写本との異同は大きいということがいえる。『行基菩薩事蹟記』は現在その所在が不明とされているが、大正四（一九一五）年刊の仏教全書所収「菅原寺起文遺戒状」「謹注進奉開行基菩薩生馬山御廟〈大和國有里村〉子細事」の校訂に用いられているので、日下氏の報告のみでなく当時としての存在が確かめられる。そこで筆者としては日下氏閲覧の甲本が最も原本に近い写本と考え、甲本の表記を基として以下の考察を進めたいと思う。

第二節　写本の伝来とその系譜

写本の伝来

「大僧正記」の写本は今回新たに早稲田大学図書館蔵『竹林寺縁起』一巻の中に収められていることが判明した。国書刊行会により『続々群書類従』の原稿として書写されたものである。[13] 一巻中には次の順序で以下の七史料が収められている。

竹林寺略録　　　東大寺沙門凝然

起文遺戒状

大僧正舎利瓶記

謹注進奉レ開二行基菩薩生馬山御廟一大和國有里村子細事

生馬大聖竹林寺信願偏律師畧傳

十種大願東寺果寶参籠當山於本尊寶前立十大願

良観上人舎利瓶記

「大僧正記」は「大僧正舎利瓶記」の末尾に収められており、独立した史料として扱われていないことは注意を要する。この点については後述したい。巻末には次の奥書がある。

右竹林寺縁起一巻先年拝見之處今再借二得
于招提寺教学院一以二老眼一寫レ之聊令二法久住一之志
而巳、又此中喜光寺縁由自然顕焉以為二規模一
旹
延享四年丁卯四月二日辰刻南都菅原喜光寺
住持宗照謹書

この奥書は仏教全書一一九・寺誌叢書第三の「竹林寺縁記《ママ》」にも見える。「竹林寺縁記」には「謹注進奉レ開二行基菩薩生馬山御廟一（大和國有里村）子細事」と凝然著「竹林寺略録」を収めるが、このうち凝然著「竹林寺略録」の奥書に前述の早大蔵『竹林寺縁記』の奥書と同一の識語が見える。[14] このことから早大蔵『竹林寺縁起』と寺誌叢書「竹林寺縁記」とは延享四年菅原喜光寺書写の『竹林寺縁記』を底本としていることがわかる。寺誌叢書は『竹林寺縁起』の中から竹林寺の縁起に直接関わるものとして「謹注進奉レ開二行基菩薩生馬山御廟一（大和國有里村）子細事」と「竹林寺略録」を採用し、史料の根拠を示すため『竹林寺縁記』巻末の識語を記したものと推測される。早大蔵『竹林寺縁起』一巻の存在によって従来独立した史料と見られてきた「大僧正記」が竹林寺の縁起に関わる史料一巻

の中に収められて江戸時代には唐招提寺教学院に伝来していたという写本の系譜の一つが判明したといえよう。池底叢書「大僧正舎利記・大僧正記」の奥書に「右得二和之竹林寺本一校之書写加也」とある竹林寺本も竹林寺に関係する写本の存在を示しており、これが『竹林寺縁起』を指す可能性もあるのではなかろうか。

竹林寺の創建と『竹林寺縁起』

ここに云う竹林寺とは生馬山竹林寺のことである。凝然の『竹林寺略録』によれば、行基の舎利埋葬後多宝塔のみであった生馬山東稜において文暦二（一二三五）年寂滅が行基廟を開掘して以降に、寂滅によって塔廟・堂宇が建てられ、代々興福寺・東大寺・西大寺等の僧綱クラスの碩学や隠遁僧が住持して中世における行基信仰の拠点となった寺である。早大図書館蔵『竹林寺縁起』一巻に収める七作品はすべて竹林寺に関するもので、「謹注進奉レ開二行基菩薩生馬山御廟一大和國有里村子細事」が行基廟の開掘と舎利器出現の事情を記したものである。「大僧正舎利瓶記」はそのとき舎利瓶を覆っていた銅筒に刻まれていた銘文の写しであり「大僧正記」は「舎利瓶記」の続きに記されている。「起文遺戒状」は文末に「天平廿一年二月二日　仏子行基」と記すが明らかに後人の手になるものである。[15]「生馬大聖竹林寺信願徧律師畧傳」は竹林寺に隠栖し建長四（一二五二）年同寺で示寂、墓所もある法相宗の碩学良遍の略伝である。「十種大願」は正平七（一三五二）年東寺の果寶が竹林寺に参籠して立てた大願十種を記す。「良観上人舎利瓶記」は行基を敬慕した忍性の墓誌で、遺骨は鎌倉極楽寺・大和額田寺・竹林寺に分骨埋葬され、その舎利器の銘文である。「竹林寺略録」は開廟後七十年を経て凝然が著したものである。行基伝と創建以降の竹林寺の歴史を記しているので『竹林寺縁起』の冒頭に置かれたのであろう。以上竹林寺に関する七史料が『竹林寺縁起』に収められている。

『竹林寺縁起』一巻は寂滅が行基廟を開掘した時の状況報告書、その際発見した舎利瓶記銘文、その後竹林寺に関わった高僧の遺した願文・墓誌・寺史等の各史料をそのまま綴り合わせることで成立しているという特徴がある。竹林寺は明応七（一四九八）年に兵火にかかり、江戸時代中期には衰退したという。[16]『竹林寺縁起』は竹林寺衰退の過程で律宗本山である唐招提寺の教学院に所蔵されることとなり、それを喜光寺の住職が書写した。喜光寺は行基入滅の菅原寺であり、開山祖師行基にまつわる貴重な史料として書写したとある。明治末から大正初期の続々群書類従や仏教全書の刊行に当たってはこの喜光寺書写本『竹林寺縁起』が竹林寺関係史料の底本として用いられたと推測される。このように見てくると「大僧正記」を含む「大僧正舎利瓶記」が竹林寺創建の契機になった史料として『竹林寺縁起』一巻の中に伝えられたということは首肯できることではないだろうか。

「大僧正舎利瓶記」に附属する「大僧正記」

現在知られている「大僧正記」の四写本伝来に関してもう一つの特徴を指摘したい。それは四写本のすべてが「大僧正舎利瓶記」「起文遺戒状」とともに三史料をセットで伝えていること、池底叢書を除く三写本で見れば「謹注進奉レ開二行基菩薩生馬山御廟一大和國有里村子細事」を加えた四史料がセットで伝わっているという写本伝来の特徴がある。しかも「大僧正記」に関していえば単独で伝写されて遺っているものはなく、『竹林寺縁起』の分析で注記したように「大僧正舎利瓶記」の中に含まれる史料として扱われてきたことが注目される。このことを顕著に示す例が安倍嘉一氏の紹介した「大僧正記」乙本、現唐招提寺蔵「大僧正舎利瓶記」（次頁写真参照）である。

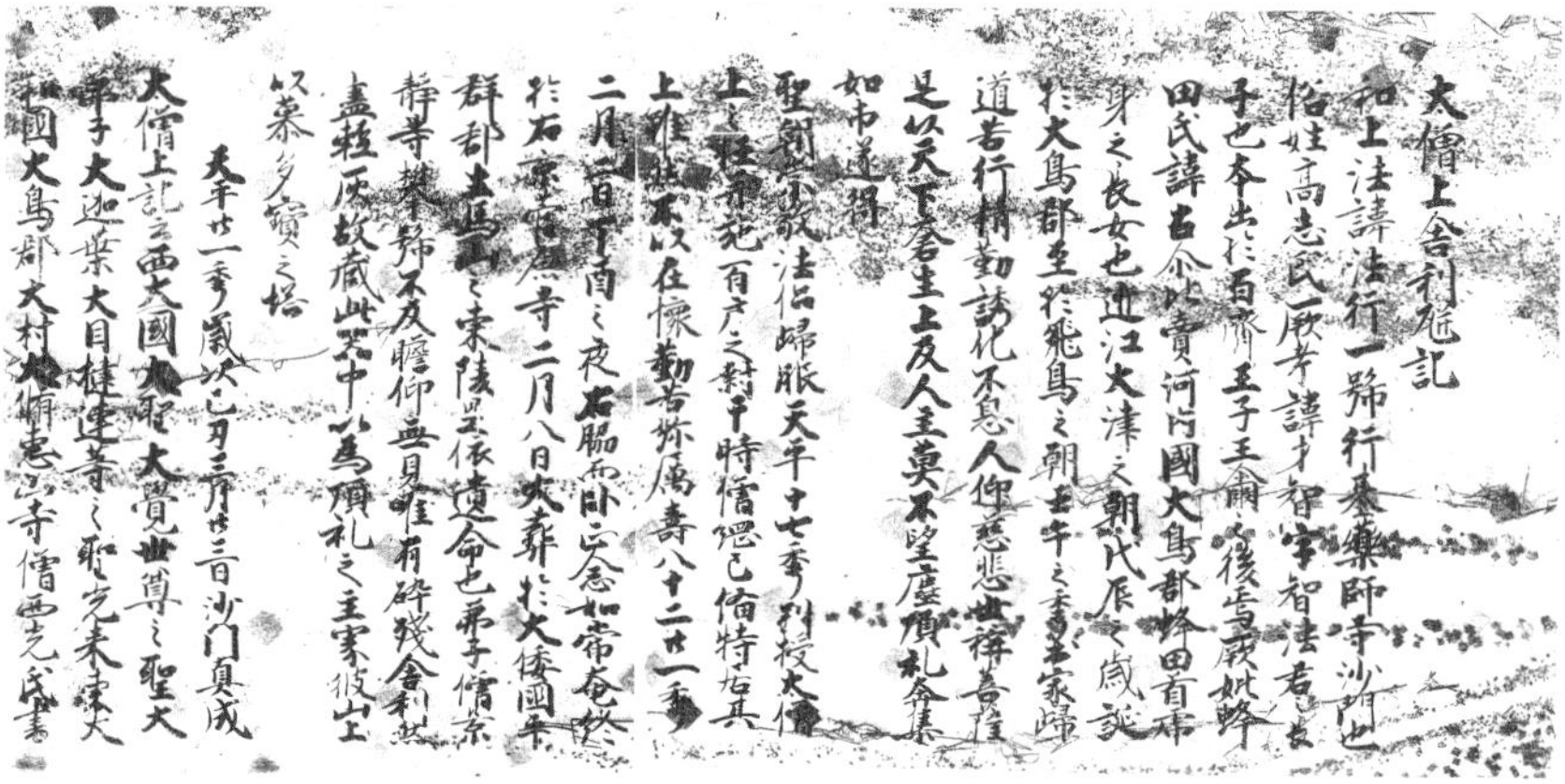

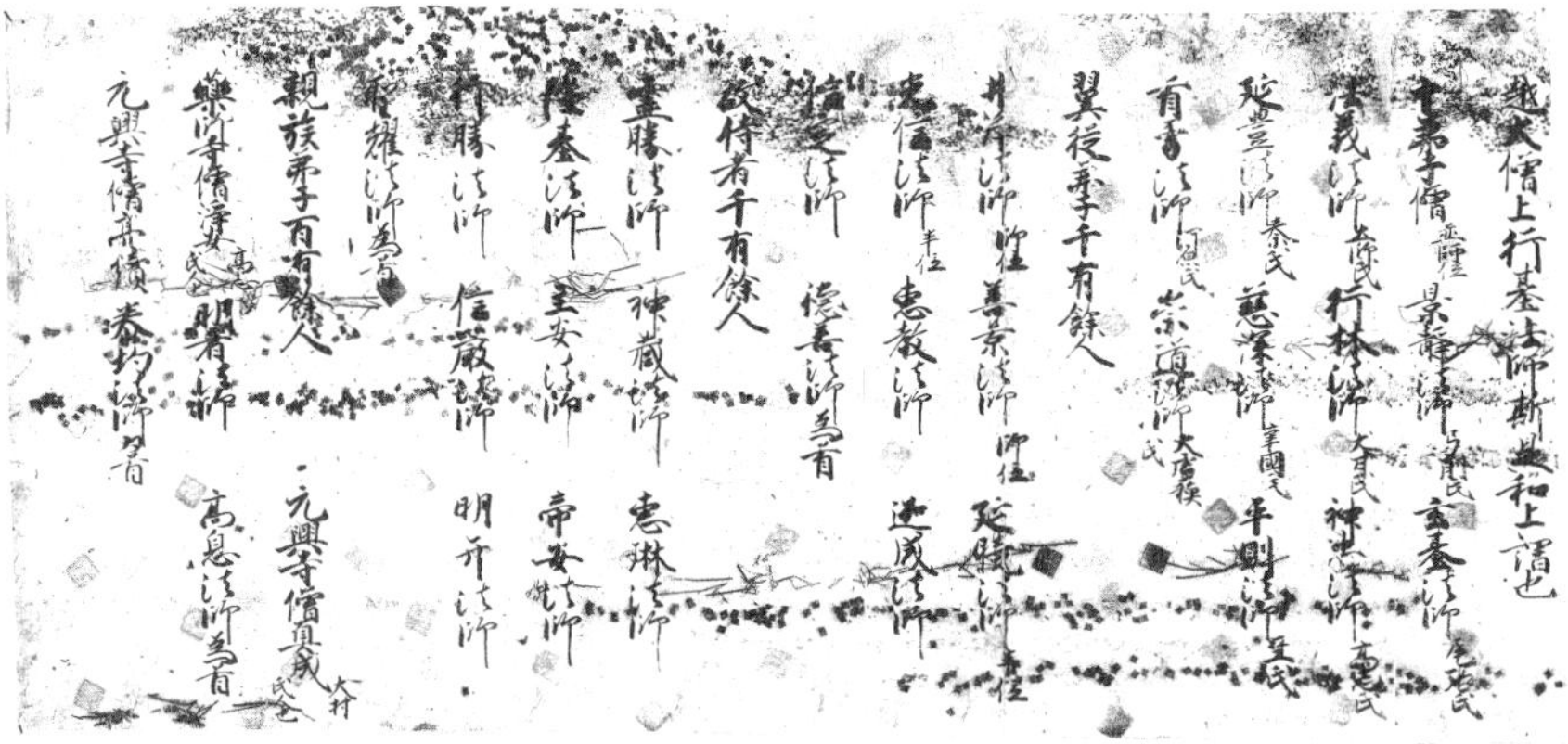

「大僧正舎利瓶記」唐招提寺蔵（出典：奈良国立文化財研究所飛鳥資料館編『日本古代の墓誌』）

安倍氏も指摘したように明らかに後代の書写と考えられる史料であるが、「大僧正記」の史料名は収蔵史料名を記した箱書きになく、写本を見ると「大僧正舎利瓶記」の題の下に二史料を一連のものとして書写した意識が明瞭に読み取れる。この点は丙本（池底叢書）、丁本（『竹林寺縁起』）にも同様の書写意識が見られ[17]、史料自体がそのように伝えられてきたことが推測されるのである。近年の行基研究においてしばしば引用されるようになった「大僧正記」は単独の史料のごとく扱われている。しかし現存の書写状態からいえば、「大僧正舎利瓶記」の題名の下に弟子真成の書いた墓誌と、弟子歴名とは常に一連のものとして書写・伝来してきたのではないかという推測を禁じ得ない。甲本の場合は現在所在不明で実見できないが、日下氏の報告によれば「大僧正舎利瓶記」は題名を付けた上で本文が始まっているが、「大僧正記」は題名なしでいきなり本文「大僧正記云」で始まっている点では、題簽に「師徒各位注録」と書かれているものの、乙・丙・丁本と似た扱いが見られる。さらに「大僧正記」が「大僧正舎利瓶記」に含まれる、ないしは一連の史料として伝来してきたという事実から、日下氏の報告文があらためて浮かび上がってくる。すなわち、『行基菩薩事蹟記』を閲覧した日下氏は「謹注進奉レ開二行基菩薩生馬山御廟一大和國有里村子細事」中の「筒面有二銘文一別紙注二進之一」の文の欄外に「別幣舎利瓶記並師徒各位注録是也」と別筆で附記があったと記している。[18]日下氏はこの注を「後世よりの附説」として退け、「予の考ではこの「師徒各位注録」をば「瓶記」の如く銅銘にされたものとも、またその内容の一部分であるとも、何れとも信ずることはできぬ」と欄外注記を却下した。しかし今、存在が明らかになってきた「大僧正記（師徒各位注録）」四写本すべてが「大僧正舎利瓶記」の附属文書の如く一連の史料として伝来し、例外が見つかっていないということからみると、日下氏が報告した欄外の注記が改めて意味をもってくるのではないかと思う。すくなくとも現在明らかになっている「大僧正記」の四写本はすべて「別幣舎利瓶記並師徒各位注録是也」を裏書きする状態で伝来しているのである。

日下氏が閲覧した『行基菩薩事蹟記』中の「大僧正記」（甲本）は前節での検討から原本に最も近いと判断できた。『事績記』が収録する「大僧正舎利瓶記」「師徒各位注録（大僧正記）」「謹注進奉レ開二行基菩薩生馬山御廟一大和國有里村子細事」「起文遺戒狀」の四史料は、『竹林寺縁起』にも収録されている。しかし『竹林寺縁起』の「謹注進奉レ開二行基菩薩生馬山御廟一大和國有里村子細事」には「別幣舎利瓶記云々」の欄外附記はない。「舎利瓶記」に包含されて収録されている「大僧正記」も重要な誤写が見られ、書写の時代が下ることがわかる。限られた写本の伝来状態から軽々な判断はできないが、以上『竹林寺縁起』一巻中の「大僧正記」の出現から、「大僧正記」なる史料の成立に関して以下のような仮説をたてて、今後の研究にその結論を待ちたいと思う。

竹林寺の創建と共に行基に直接関わる舎利瓶記銅筒銘文である「大僧正舎利瓶記（「大僧正記」を含む）」と舎利器出現の由来と出現状態を記した「謹注進奉レ開二行基菩薩生馬山御廟一大和國有里村子細事」、それに行基の遺言を含む「起文遺戒状」の三編が『行基菩薩事蹟記』として早い時期に寺宝として竹林寺に伝わった。その後竹林寺に参籠したり、行基を敬慕し竹林寺興隆に寄与した高僧の伝や寺史を記した凝然の『竹林寺略録』などを一括して『竹林寺縁記』が成立した。現存「大僧正記」はそうした史料伝来の過程で「大僧正舎利瓶記」と不可分のものとして書写されてきたということがいえるのではないだろうか。

第三節　「大僧正記」という史料

「大僧正記」実は「使徒各位注録」

一九八〇年に朝枝善照氏が引用されて以来、行基研究でよく引用されるようになった「大僧正記」は冒頭の一句「大僧正記云」から便宜的に日下無倫氏が名付けた呼称であり、以降それが踏襲されてきた。しかし行基研究で「大僧正記」といわれている史料(180頁参照)の主体は行基弟子集団の各グループの指導僧達の歴名である。またこの歴名が「大僧正記」に記されていたとは読み取れず、歴名記事を説明するために「大僧正記」の一文が引用されていると読める。甲本が収録されている『行基菩薩事蹟記』の題簽には「師徒各位注録」とあったというが、この方が本史料の内容を適切に表現している。「師徒各位注録」は十弟子・翼従弟子・侍者といった行基弟子集団の分類が釈迦弟子の分類に準拠していることを言うために、ひいては行基が釈迦に擬えられる存在ということを示すために、冒頭に「大僧正記」中の一文「大迦葉大目犍連等之聖光來」を引用したのであると考えられる。[19] 冒頭引用の一文をもって本史料を「大僧正記」と呼ぶのはあたかも「大僧正記」そのもののような印象を与え、誤解を招く呼称である。

「大僧正記」という書物がいかなる内容のものか全く不明であるが、行基が大僧正に任命されて以降に書かれた行基伝の一種であろう。歴名帳に引用された逸文からすれば、行基が陶邑に建立した道場・大須恵院の縁起的立場から書かれたものではなかろうか。日下無倫氏は「大僧正記」とは『泉州志』高蔵寺(大須恵院)の項に「僧正記云行基者大鳥郡大須恵山寺僧也」の「僧正記」のことであるとした。[20] たしかに両者ともに大須恵山寺の視点で記されており、『泉州志』においても高蔵寺の項にのみ引用されているところを見ると、日下氏の判断が首肯されるとともに、「大僧正記」(「僧正記」)が大須恵院に関わる史料である可能性を示唆している。

「大僧正記」と大須恵院

鎌倉末期の作『行基菩薩縁起図絵詞』の「大須恵寺建立絵篇第廿一」は次のようにその縁起を記している。(21)

> 菩薩御行年三十九歳、奉二為文武天皇御菩提一、応二聖武皇帝之勅命一、奉二建立一伽藍也、彫二刻七仏薬師之霊像一、安二置二百余巻之経帙一、得丸、国勝為二勅使一点二定院界之四至一、法義真成、為二遺弟一、記二録縁起之大綱一、国家無双之蓮宮、澆季再興之蕭寺也、坊舎加レ甍、寺院増レ餝、義理決二於円宗一、観解凝二密法一庭幽而僧庵禅也、頭陀路雲レ穿、加葉之影向知レ時、焼香床苔生、散花之薫修積レ歳

『絵詞』は潤色多く注意を要する史料であるが「得丸、国勝為二勅使一点二定院界之四至一」については新川登亀男氏が根拠のある記事と考察している。(22)「法義真成、為二遺弟一」とある法義は「師徒各位注録」に土師氏とあり、真成は大村氏、行基親族弟子で元興寺僧とあった。ともに大須恵院の建つ陶邑の在地豪族で、須恵器生産にも携わってきた氏族であり、大須恵院を管理運営するに適切な人物である。法義は十弟子の一人であるから「加葉之影向知レ時」も法義を意識した表現と取れる。『絵詞』の作者が大須恵院の縁起を書くにあたって何らかの史料をもととしていることは十分推測される。「縁起之大綱」が「大僧正記」であったかどうかは不明であるが、『絵詞』における大須恵院と「加葉之影向」は「大僧正記」の「大聖大覺世尊之聖大弟子、大迦葉大目犍連等之聖、光來東大和國大鳥郡大村大須恵山寺」に対応する表現である。この場合「大和國大鳥郡」の意味が取れないとされているが、「大和泉国大鳥郡」のこととは取れないであろうか。

「師徒各位注録」が「大僧正舎利瓶記」とともに行基廟に埋納されていたとすれば、二千余の行基弟子等の師を慕う思いをこの「師徒各位注録」に託して、真成の書いた墓誌と共に埋葬しようとしたのではないかとも推測される。ともかく、従来の行基研究において「大僧正記」といわれてきた史料は「大僧正記」そのものではなく、その逸文を冒頭に引用した「師徒各位注録」と呼ぶのが相応しい史料であることが明らかになったと思う。そして本史料がかく紛らわしい呼称で呼ばれつづけたのも、そもそも独立した題名のついた史料ではなく「大僧正舎利瓶記」と名付けられた行基墓誌に附属するものであったからではないかと考える。

第四節 「師徒各位注録」のもつ意味

釈尊への帰依

「師徒各位注録」が行基の弟子研究において第一級の史料であることは日下氏の指摘の通りである。本史料が行基の墓誌である「大僧正舎利瓶記」と共に埋納された可能性を考察してきたが、本史料は未整備な史料といえる。井上光貞氏が指摘した『行基年譜』「天平十三年記」が公的な所へ提出された文書の形式を備えているのに対して、この「師徒各位注録」は十弟子こそ僧位と出自が記録されているが、翼従弟子・侍者には出自の記載なく、親族弟子でも出自のないもの、また親族弟子の何人かにのみ所属寺院が記載されるなど基準がまちまちであり、その意味で内部の資料の要素が強く、あるいは急いで作成され十分な情報の確認が取れなかったとも推測される。その意味で本史料が発しているメッセージに注意を払いながら、本史料のもつ意味について考察したい。

本史料が強く発信していることは、冒頭に「大僧正記」一文を引用しているように行基の弟子等が釈迦弟子等の光来によっているという意識であろう。行基の原典回帰、経典主義はすでに吉田靖雄氏の指摘した所であるが、[23]ここにも直接釈尊の師弟関係への憧憬と模倣、ないしは矜持が見られる。つまり行基弟子等が行基を師とも釈迦の再来とも仰ぎ組織的に結束していたことが知られる。行基集団が十弟子・翼従弟子・侍者・親族弟子に分かれ、それぞれ「首」つまりグループの指導者により率いられていたという「師徒各位注録」の構成は組織の完成形を示すもので、このような組織体系は必要に応じて徐々に形成されていったものと思われる。

僧位をもつ弟子等

まず特徴の第一として師位・半位を持つ僧が少なからずいることが挙げられる。僧位については実例を帰納することでその実施状態を明らかにした山田英雄氏の研究がある。[24]氏によれば養老四年正月に「始授㆓僧尼公験㆒」との制度が設けられ、翌二月には「初度、授戒、師位」毎に公験を給すとの格が出ているが、師位については既に和銅四年十月十日の伊吉連子人口宣から師位の存在が明らかであるとし、[25]資財帳等における僧綱・三綱署名者の肩書きなどから法師、師位僧、業了僧、半位僧、複位僧の順が考えられるとした。師位・半位は僧綱・三綱にも任じられ得る僧位であることがわかる。他の史料による彼等の実在性については日下無倫氏以来研究が積み重ねられてきている。[26]例えば十弟子の一人である玄基は『類聚三代格』定額寺事、天平宝字三年六月廿二日乾政官符に山階寺僧として、諸国荒廃の寺を修治するよう奏状を呈している。これは前月の五月甲戌、百官の五位已上と緇徒の師位已上に「国を益し、人を利す」ための意見封事を求めたことに応じたものとされている[27]。十弟子玄基と奏状を呈した山階寺僧玄基が同一人物であるとすれば彼は師位已上であったことになる。同じく十弟子の崇道は大唐蘇氏とあるが、鑑真来朝のおりには唐僧崇道として迎接の任に当たっていることが『唐和上東征伝』に見える。こうした史実は彼等が公的な場においても活躍し得る資格・資質の持ち主であったことをものがたっている。「師徒各位注録」に見える師位僧達がいつ行基の弟子となったか、又弟子となってから僧位を得たかその辺の事情は不明である。行基晩年にはこうした組織構成が推測されること、第四章第一節で考察したように、行基が史上に登場した養老元年には少なからぬ官僧が行動を共にしていたことを考えると、行基集団の指導層には渡来系豪族を中心とした智徳兼備の畿内出身僧がかなり参加していたことが推測される。

組織的指導体制

第二に各グループに十人前後の「首」となる僧がいて集団指導ともいってよい体制が整えられていたことである。十弟子には『続日本紀』や『東大寺要録』、正倉院文書に名を遺す僧が多く、対外的にも行基集団を代表する立場にあったことが知られる。翼従弟子にも師位・半位の僧がおり、親族弟子には官大寺の僧もいることからこうしたグループの僧がおそらく増え続ける各道場にあって修行や事業の指導に当たり、また優婆塞・優婆夷を出家者として養成したのではないだろうか。かれらは行基集団結束の核となっている『瑜伽論』「菩薩地」の学修面でもそれなりの理解と普及に対して力をもっていたことが推測される。こうした指導層の存在と活躍を抜きにして行基の教化活動を考えることはできないであろう。

侍者には師位・半位がいないことから、さらに広範な公認の出家者や優婆塞・優婆夷の存在を想定してよいであろう。行基集団の最初の得度公認が『続日本紀』によれば天平三年である。このとき課役年齢の優婆塞・優婆夷が除外されていることからも逆に集団の大きさや周囲の百姓への影響力の大きさが推測される。侍者を故侍者とする史料があり、神亀四（七二七）年土塔に参加した帝安・神蔵の名によって早い時期から行基に随従した弟子等といえるかもしれない。

豪族出身僧尼の役割

第三に出身氏族の特徴を挙げたい。出自が記されているのは十弟子と親族弟子の一部と限られているがいずれも畿内の中小豪族出身者である。これは古代僧尼の一般的出身基盤ともいえる氏族であり、正倉院文書にしばしば見える氏族名でもある。写経生や装潢、造東大寺司の下級官人として活躍している氏族でもある。特に土師氏・秦氏・大村氏等は古墳築造や広範な調物の貢上や土木事業、須恵器生産等において技術を伝承してきた氏族であるというところが注目される。こうした氏族出身の僧達が「菩薩地」の説く有情饒益、生産向上、修善奉行の実践奨励に触発され共鳴して当時の情勢に合わせ創造的な智慧を出し合いながら出身氏族に働きかけ、各氏族の協業を実現させ巨大事業を推進していったのではないだろうか。なお「使徒各位注録」には尼僧の名がないが、行基集団には女性信者が多いこと、尼院が十三院存在したこと、『霊異記』行基説話には上座尼の存在が見えることなどから尼僧も豪族出身僧に準ずる役割を果たしたことが想定される。(28)

おわりに

従来「大僧正記」と呼ばれてきた「師徒各位注録」という史料について写本の校定、伝来の系譜、その性格と意味を検討してきた。現在判明している四写本の中では日下無倫氏紹介の『行基菩薩事蹟記』に収められていた「大僧正記」（甲本）が原本に一番近い写本と判断した。甲本は行基集団が師位を持つ十弟子、師位・半位をもつ僧とその他の指導的立場にある翼従弟子、早くから行基に従う故侍者、元興寺・薬師寺などに所属する僧もいる親族弟子に区分され、集団を指導・統率する有機的な組織であったことを窺わせる。また行基研究において暗黙に前提とされてきた行基と圧倒的多数の民衆、その運動を支持した豪族という構図に対して、むしろ行基とともに運動を推進した師位・半位をもつ高僧を含めた多くの出家者集団が主導する仏教運動という行基の活動の基本的性格を窺わせるものとしても貴重であると思う。

注

（1）岩宮未地子「文字瓦の分析と考察」（『史跡土塔―文字瓦聚成―』堺市教育委員会　二〇〇四）

（2）日下無倫「行基菩薩門弟雑考」（『無尽燈』二二―九・一〇、一九一七。論集奈良仏教3『奈良時代の僧侶と社会』

雄山閣　一九九四）

（3）朝枝善照「行基仏教の展開」（『平安初期仏教史研究』永田文昌堂　一九八〇）

（4）安倍嘉一「唐招提寺蔵『大僧正記』について」（『文化史学』三八号　一九八二）

（5）吉田靖雄「補論　行基の弟子について」（『行基と律令国家』吉川弘文館　一九八七）

（6）日下無倫　前掲注（2）

（7）安倍嘉一　前掲注（4）

（8）書陵部蔵「大僧正記」は池底叢書三十一に「行基菩薩遺誡」「行基大僧正舎利記」「同大僧正記」「行基式目」として一括収載されている。『池底叢書要目』（『続史籍集覧』第九冊臨川書店一九八五）と題して叢書の解題を書いた黒川春村の序によれば、『池底叢書』は『群書類従』や『大日本史』の編纂にも貢献した屋代弘賢の蒐集した文庫の一部が須坂侯堀直格の花廼屋文庫に入り、直格の命で後々の便宜のため春村が『要目』を著し万延元年に擱筆したとある。屋代弘賢の事績については森銑三「屋代弘賢」（『歴史と国文学』一九三三・一～一二、『森銑三著作集』第七巻中央公論社）に詳しいが、弘賢が何時、どこで何のために行基関係の史料を入手したかは現在のところ不明である。

（9）山田英雄「古代における僧位」（『続日本紀研究』第一二二号　一九六二、『日本古代史攷』岩波書店　一九八七）

（10）『姓氏家系大辞典』には「犬耳」の例を挙げるが「犬甘の誤写なるべし」としている。『古代人名辞典』『日本古代氏族人名辞典』にも「犬月」「犬耳」の氏名は掲載がない。

（11）『竹林寺略録』は東大寺沙門凝然が嘉元三（一三〇五）年閏十二月二十四日執筆した行基伝を含む竹林寺の縁起および寺史。「門人囲遶。其数極多。釈尊十大弟子來作二菩薩十弟子一。即迦葉目連等也。翼従弟子千有余人。故侍者千有余人。親族弟子百有余人。」は「大僧正記」を踏まえたものと安倍嘉一氏の指摘がある。

（12）丙本を紹介した吉田靖雄氏は丙本と併出の「大僧正舎利瓶記」が書式各行二〇字で銅墓誌板の字配りを忠実に写したものであり、唐招提寺本（乙本）よりすぐれているとする（前掲注（5））。確かに一行二〇字の字配りは現存舎利記銅墓誌板破片の文字と一致するが、その丙本併出の「大僧正舎利瓶記」には明らかな誤写が三箇所、脱字が三箇所あり必ずしもすぐれた史料とは言い難い。ただ丙本併出「舎利瓶記」の存在はなにより銅板破片公開以前に一行二〇字の字配りの写本が江戸時代に存在したことを示す点で貴重である。

（13）『竹林寺縁起』は結果的に続々群書類従には入っていない。なお「縁起」の表記は帙と表紙の題簽が「縁起」で中扉は「縁記」となっている。中扉の表記は仏教全書・寺誌叢書の「竹林寺縁記《ママ》」と対応するものと見られる。

（14）寺誌叢書「竹林寺略録」の奥書には考として次の識語も付している。

考律宗戒學圖書本生馬山竹林寺縁記《ママ》抜書奥書云。告寛保二壬戌年／二月十三日書寫終。令二法久住一。且知二寺院之故實一。開山祖師建立之／素意之源在二于斯一而已。

菅原喜光寺會下覺圓

（15）「起文遺戒状」は天平二十一年二月二日入滅時、行基が弟子に遺した戒めの言葉に後世の解説を加えたものである。遺戒の骨子は『行基年譜』『行基菩薩伝』にも載るが、「起文遺戒状」はその遺言に密教的言辞による解説文が付されている。竹林寺に隠栖し墓所もある法相の碩学良遍の著作と推測されるが、この点については稿を改めて考察したい。「起文遺戒状」（『竹林寺縁記』）は「菅原寺起文遺戒状」（寺誌叢書）「行基菩薩遺誡」（池底叢書）「行基菩薩起文遺戒状」（乙本とともに唐招提寺蔵）と表題は異なるが同一史料である。寺誌叢書「菅原寺起文遺戒状」は『行基菩薩事蹟記』によって校定を加えているので『行基菩薩事蹟記』にも収録されていたことが分かるが、『事蹟記』における表題は不明である。

（16）日本歴史地名大系30『奈良県の地名』（平凡社　一九八一）

(17) 丙本『池底叢書』では「大僧正舎利記」の題名があり、舎利器銘文の後に二行空けて「大僧正記云」といきなり本文から始まる書き方である。丁本『竹林寺縁起』も、これは続々群書類従原稿として書写されたもので、すでに原稿用紙の形式等に縛られているが、同じ体裁である。つまり両者とも「大僧正舎利瓶記」と題名を付けた史料の中に真成の書いた墓誌と弟子歴名という二史料を収めるという体裁を取っている。

(18) 日下無倫 前掲注(2) なお「謹注進奉レ開二行基菩薩生馬山御廟一大和國有里村子細事」は舎利瓶出現の状態を左の如く録している。

奉レ堀二御廟一之剋。八角石筒。果以出現。于時瑞雲忽聳。細雨稍降。遂開二彼石筒一之處。又有二銅筒一。二面有下鏁二其一方一副上レ鑰。諸衆重加二祈請一。即奉レ開レ之後〈傍復イ〉。有二銅筒一。々面有二銘文一。別紙注二進之一。其中有二銀瓶一。形如三水瓶之無二小口一。其蓋懸二瓔珞一。其頸付二銀札一。其銘云。行基菩薩遺身舎利之瓶云々。此外宣顕二感應一雖レ多。具不レ能二注進之一而已。

(19) 十弟子は広く仏典に登場する。侍者は仏典では阿難一人を釈迦の侍者とする。「翼従弟子」と呼ばれる弟子群は『増一阿含経』『賢愚経』『出曜経』『最勝問菩薩十住除垢断結経』(『十住断結経』)の四経典のみにみえ、ともに天平期の書写が盛んな経典である。特に『出曜経』は『霊異記』にも引用がある。『賢愚経』「尼提度縁品」(『大正新修大蔵経』二〇二―三九七a~b)には「翼従弟子」の出身階層を示す説話があり、釈迦に近事する知識層出身の高僧群をさしている。

(20) 『泉州志』石橋新右衛門 編輯 元禄一三(一七〇〇)年刊

(21) 堀池春峰「「行基菩薩縁起図絵詞」―史料紹介―」(『南都仏教史の研究』上 法蔵館 一九八〇)

(22) 新川登亀男「社会的結合としての行基集団に関する基礎的研究」(平成八~九年度科研費 基盤研究・研究成果報

告書　一九九九）は『絵詞』に登場する得丸・國勝は『年譜』慶雲三年「七月八日勅使正四位下犬上王・従七位下津守宿祢得麻呂・正八位上出雲国勝等、点定四至」とある津守得麻呂・出雲国勝のことで、犬上王の位階が当時治部卿であった王の位階の事実を反映しており、三人は慶雲三年に出された山沢占有の禁とそれに伴う墓域確認のため和泉（当時河内）地方の視察を行った。その反映が『年譜』や『絵詞』の施入地四至の点定記事となったと推測し、歴史的背景のある記事としている。

(23) 吉田靖雄「行基帰郷中の建立寺院」（前掲注（5）書）

(24) 山田英雄（前掲注（9））

(25)『令集解』僧尼令　任僧綱条釋説

(26) 日下無倫（前掲注（2））、吉田靖雄（前掲注（5）書）、石村喜英「行基の弟子列伝と一・二の問題」（櫛田良洪博士頌寿記念会編『高僧伝の研究』山喜房仏書林、一九七三）

(27)『続日本紀』天平宝字三年五月甲戌条

(28)『日本霊異記』中巻第八

第六章　天平十五年正月の法会と行基

はじめに

『大僧正舎利瓶記』[1]によれば、行基は天智七（六六八）年に河内国に生まれ、十五歳で出家、天平二十一（七四九）年八十二歳で遷化した。行基が本格的に布教活動を始めたのは慶雲二（七〇五）年三十七歳頃と『行基年譜』[2]は記している。その活動時期は、大宝元（七〇一）年大宝律令を発布し、律令体制を整えつつあった古代国家が国民を統合する精神的支柱として仏教を最も重視した時期と重なる。養老期（七一七〜七二三）には僧尼に対して学問の奨励[3]や厳正なる漢音での経典読誦を要求する一方で[4]、行基を筆頭とする民間での布教活動を厳しく取り締まり[5]、官許を得ないで勝手に出家する私度を厳禁する法令が出されている[6]。天平期（七二九〜七四八）に入ると、道慈や玄昉といった入唐学問僧が国家仏教を主導し[7]、経典読誦の法会[8]はもちろん、王権による写経事業[9]や造像[10]、寺院への保護[11]、等が活発化し、国分寺建立、大仏造立といった国家的大事業へと展開していった時期でもある。

この時代の僧尼は国家や支配層の仏教行事に奉仕する官僧尼として、その身分、活動が律令の僧尼令によって厳しく統制されていた。行基が歴史に登場するのは、その僧尼令が禁じている民衆のための布教活動によって養老元（七一七）年に、国家から厳しく糾弾を受けたことによる[12]。行基は畿内に多くの道場を建てて民衆の救済・教化に当たると共に、天平十三（七四一）年までに、架橋六、直道一、池一五、溝七、樋三、船息二、堀四、布施屋九を建設して民衆の社会生活に資する膨大な仏教的実践活動を行っていた。[13] その行基が天平十五（七四三）年十月、聖武天皇の大仏建立詔が出るとともに「於是行基法師率㆓弟子等㆒勧㆓誘衆庶㆒。」と国家の仏教事業に積極的に関わり、天平十七（七四五）年には天皇より大僧正に任ぜられたと『続日本紀』は記している。

行基の大仏勧進参加や大僧正就任をめぐっては、行基研究者の中でもその解釈にいくつか見解を異にする意見が出されてきた。主なものは、国家の働きかけにより行基が民衆の側から転身ないしは国家の陥穽に堕ちたとするもの、[14] そうではなく国家の側が仏教政策を変えて、弾圧から宥和へと行基に歩みよったとするもの、[15] 行基の国家事業関与は『続日本紀』が一行記すのみで行基の実践にとって問題とするに当たらないとするもの[16]等である。これらの説は、最後を除いてどちらかといえば国家の側に視点を置いて、行基のもつ民衆への影響力に国家がどう対処しようとしたかを論じ、行基の論理を詰めていない点で共通している。それでは勧進に参加した仏教実践者行基の側には、どのような論理があったのであろうか。管見の限り、これまで行基の側に視点を置いた必然性は考察されてこなかったように思う。[17] そこで、行基にとって、大仏建立詔が出るまでの仏教実践と、大仏勧進参加との間には関連性、ないし一貫するものがあったのであろうか、またはなかったのであろうかということを明らかにすることが本論考での課題である。

第一節　天平十五年正月の法会

未曽有の国家法会

行基の大仏勧進参加を考える上で、天平十五（七四三）年正月に行われた法会の実態とその史的意義を明らかにすることが重要であると思う。この法会は、大仏建立の詔が出され、行基が大仏勧進に参加したと『続日本紀』が記す、その十ヶ月前に挙行された。この法会の目的・規模等については聖武天皇の「詞」という形で『続日本紀』天平十五年正月癸丑条がその詳細を載せている。

為レ読二金光明最勝王経一。請二衆僧於金光明寺一。其詞曰。天皇敬諮二四十九座諸大徳等一。弟子階縁宿殖嗣二膺宝命一。思下欲宣二揚正法一導中御蒸民上。故以二今年正月十四日一。勧二請海内出家之衆於所住処一。限二七々日一転二読大乗金光明最勝王経一。又令下天下限二七々日一禁二断殺生一及断中雑食上。別於二大養徳国金光明寺一。奉レ設二殊勝之会一。欲レ為二天下之摸一。諸徳等或一時名輩。或万里嘉賓。僉曰二人師一咸称二国宝一。所レ冀、屈二彼高明一、随二茲延請一。始暢二慈悲之音一。終諧二微妙之力一。仰願梵宇増レ威。皇家累レ慶。国土厳浄。人民康楽広及二群方一綿該二広類一。同乗二菩薩之乗一並坐二如来之座一。像法中興実在二今日一。凡厥知見可レ不レ思哉。

表6 国家法会の規模

	年・月	経典名	期間	場所	読・講	招請僧等	目的	備考
1	推古 十四・七	勝鬘経			講	廐戸皇子	(仏法興隆)	
2	十四・是歳	法華経		岡本宮	講	廐戸皇子	(仏法興隆)	
3	舒明 十二・五	無量寿経			説	恵隠	(仏法興隆)	
4	皇極 一・七	大雲経等大乗經典	三日	大寺	読	衆僧	祈雨	*百濟大寺
5	白雉 二・一二	一切経		味経宮	読	二千百僧尼	*後の追儺か	
6	同夕	安宅・土測経等		朝廷庭	読		*難波宮安鎮か	
7	三・四	無量寿経	六日	内裏	講	恵隠・恵資		作聴衆沙門一千
8	斉明 五・七			京内諸寺	講		報七世父母	
9	六・五	仁王般若波羅蜜経			講		(護国)	百高座の法会
10	天武 五・十一	金光明経・仁王経		四方国	説			
11	九・五	金光明経		宮中・諸寺	説			京内二十四寺
12	十四・九	経		大官大寺	誦		天皇不予、平癒祈願	川原寺・飛鳥寺
13	十四・一〇	金剛般若経		宮中	説			
14	朱鳥 一・七	金光明経		宮中	読	一百僧	(天皇病平癒)	
15	一・七	観世音経		大官大寺	説		(天皇病平癒)	諸王臣為天皇
16	一・八	観世音経		宮中	読	百菩薩	(天皇病平癒)	
17	持統 五・六	経	五日	京・畿内諸寺	誦	梵衆	此夏陰雨の為止雨	
18		金光明経		京・畿内	講説		(止雨)	
19	七・十	仁王経	四日	百国	講			
20	八・五	金光明経		諸国			正月上弦日法会為	諸国送置
21	十一・六	経		京畿諸寺	読		(祈雨か)	
22	大宝 二・十二	金光明経		四畿内	講		(太上天皇病平癒)	
23	三・三	大般若経		四大寺	読		*持統太上天皇追悼か	
24	三・七	金光明経		四大寺	読		*盂蘭盆供養か	
25	慶雲 二・四	金光明経		五大寺	読		年穀不登、民苦救済	
26	四・四			京畿諸国寺	読		天下疫飢の救済	
27	和銅 一・六			都下諸寺	転経		天下泰平、百姓安寧	

*新日本古典文学大系『続日本紀』脚注　　（　）表作成者の補注

28	養老四・八	薬師経	一日一夜	都下四十八寺	読		不比等病平癒	
29	五・十二			都下諸寺	転経		太上天皇病平癒	
30	六・十一	華厳経・大集経・涅槃経・大菩薩蔵経・観世音経			写経		奉為太上天皇	
31	神亀二閏一	大般若経		宮中	読誦	僧六百人	除災異	
32	二・七	金光明経		諸寺	読		除冤祈祥	
33	二・九		七日	京・大和諸寺	転経		除災異	
34	四・二	金剛般若経		中宮	転読		銷災異	
35	五・八	*観世音経			転経		皇太子解脱患苦	
36	五・十二	金光明経		諸国	転読		国家平安	
37	天平一・六	仁王経		朝堂畿内諸国	講			
38	七・五	大般若経		宮中及四寺	転読		消除災害、国家安寧	大安薬師元興興福
39	七・八	金剛般若経		府大寺別国諸寺	読		太宰府下疫、救民	
40	九・三	大般若経		毎国	写経			*国分寺建立関連
41	九・四	大般若経		大安寺	転経	僧百五十人	護寺鎮国、聖朝平安	
42	九・五	大般若経		宮中	読	僧六百人	(四月以来の疫旱除災)	
43	九・八	最勝王経	月二、三度	四畿内・二監・七道諸国	転経	僧尼	(疫病猖獗の為除災か)	
44	九・八	大般若経・最勝王経		宮中十五処	転経	僧七百人	天下泰平、国土安寧	
45	九・十	金光明最勝王経		大極殿	講	道慈・僧百		朝廷之儀一同元日
46	十・四	最勝王経		京畿内諸国	転読		国家隆平	
47	十一・七	五穀成熟経	七日七夜	天下諸寺	転読		風雨調和、年穀成熟	
48	十二・六	法華経十部		天下諸国	写経			同時に七重塔建立
49	十二・九	観世音経十巻		四畿内諸国	写経		安百姓(広嗣乱)	
50	十三・三	金光明最勝王経・妙法蓮華各一部		天下諸国	写経			(国分寺建立詔)
51	十五・一	大乗金光明最勝王経	四十九日	金光明寺、海内衆僧住処	転読		宣揚正法、導御蒸民	

本詞は、全体としては四十九座の大徳への招請文の体裁を取りながら、

a 「仏法をおおいに弘めることで万民をみちびき救済したい」という法会の目的

b 国内全出家者に大乗金光明最勝王経の転読参加を、天下万民へは殺生・肉食禁止を命ずる詔

c 大養徳国金光明寺で行う「殊勝の会」に招請する四十九人の大徳への招請の辞

d 本法会に対する天皇の願文

という内容から成り立っている。そういう事情から「詔」とせず「詞」という表現になっていると思う[18]。

仏教公伝以来天平十五年の本法会まで、国家が主催した経典の読誦・講説・書写にかかわる法会・仏事を正史の中から抜き出してみると別表6のようになる。それらの法会・仏事と本法会を比較すると本法会の顕著な特殊性が浮かび上がってくる。

一、期間の長さ。写経を除き、特に明記されない場合、当日一日が原則であり、表6において七日七夜が最長である。本法会は、正月十四日から始まって三月四日までの「四十九日」間行われ、最終日には中央の「殊勝の会」に対して右大臣橘諸兄が金光明寺へ慰労に赴いている。

二、国内の全出家者に住処において大乗金光明最勝王経の転読[19]を命じている。これまでも諸国に経典読誦を命じた例があり、特に持統八（六九四）年以降毎年正月諸国で行われた金光明最勝王経の読誦は恒例化されるが、これは国衙等で一定の官僧により行われた[20]。今回のように全出家者に参加を求めたのはこれも異例のことである。また、その「住処」で行われたことを証する木簡が福島県江平遺跡で発見されている[21]。

三、天下万民に四十九日間に渡って殺生と雑食（肉食）を禁止した。従来畿内や諸国に放生を求める指示や、

一部の宍食を禁じた例はあるが、このような全面的かつ長期の殺生、肉食禁止令はない。まさに天下挙げてこの大法会に参加することを求めたものといえよう。

四、「大養徳国金光明寺」での「殊勝之会」の開催は、金光明寺[22]が大養徳国[23]の国分寺として公に登場した初見であり、そこでの「殊勝之会」の開催は、「大養徳国金光明寺」が国分寺の総本山としての存在を示す宣言でもあったと考えられる。金光明寺はやがて天平勝宝元（七四九）年四月『続日本紀』に東大寺として登場する。

五、四十九人の大徳を招請しての法会も異例である。表6によれば、大規模な法会では、六百人、七百人、二千人の僧が参加している。こうした場合、その詳細は史料に現われていないが、僧綱を通じて官大寺の官僧が招請され、経典の読誦が行われたであろう。そのためにこそ、官僧尼は学問と正確な漢音での経典読誦が義務付けられていた[24]。ところが本法会では、「四十九座諸大徳」が招請されている。これも異例なことであるが、この点については後述したい。

六、読誦の「金光明最勝王経」に「大乗」の二文字が冠せられている。後にも、先にもないことであり、この点にこそ本法会の最大の特色があることを、後に詳しく考察する。

七、天皇が仏「弟子」を称した初見であり、（六）と関わって重要なことである。

以上、本法会は従来の経典読誦型国家法会と比較してみると、極めて特殊な内容をもった法会であることがわかる。しかし、これまでの研究においては、天平十三（七四一）年の国分寺建立詔と、本年十月に出される大仏造立詔の間にあって、あまり注目されることなく、一部の研究者がその一部分に言及するのみで[25]、本法会の規模や意義をそれ自体として取り上げた論考は管見の限り見当たらなかった。そこで、前記諸特徴の中から特に本法会の史的意義を考え、かつ行基の大仏勧進参加を考える上で重要と思う事項についてさらに詳しい考察を加えたい。

第二節　大乗法会の登場

大乗仏教の興隆とその特徴

本法会の意義を考える上で、大乗仏教思想が重要な鍵となるのでそれについて略述しておきたい。インドでは釈迦入滅後約五〇〇年、一世紀頃までの仏教は出家を志した者が僧院に入って厳しい戒律を守り、学問や瞑想といった修行に励み、阿羅漢という聖者になることを最終の目的としていた。我が身のみ悟りを求めることを主眼としたので、これを自利の仏教ともいう。紀元一世紀頃には、仏舎利を祀る仏塔を中心に、在家者の中にも、釈迦の教えに対する讃仰や信仰が広がり、また部派仏教の大衆部に大乗的思想が芽生え在家信者をも包み込んだ仏教運動が展開するようになった。我が身のみでなく、すべての衆生とともに菩提（悟り）に至る道を追究したので、自らを大乗（大きな乗り物）と称し、旧来の仏教を小乗と呼んだ。自分一人が悟ることを追究するのではなく、全ての有情が人間苦を脱して救済されるように、出家者と衆生がともに悟りへ至る道を追究しようとしたのが大乗仏教であり、自利利他の仏教といわれる。その大乗仏教の中核に菩薩概念がある。菩薩とは、有情の最後の一人が悟りを得るまでは自ら如来にならないという誓願を立て、慈悲と智慧をもって、六波羅密（布施・持戒・忍辱・精進・禅定・智慧）の修行を実践し、自利利他の修行を行う出家者のことである。大乗仏教の経典にいたり、全ての人を救済するための、菩薩の限りなく困難な修行への道や、救済される衆生の無数のあり方、機根が追究され深められていった。また人間苦を脱することを求めて存在の究極のあり方（空観）や、執着（煩悩）を脱するための人間の心の仕組み（唯識）への洞察が大乗仏教の経典に結実していった。救済されるべきすべての人々が、如来になる芽を心に蔵しているとして、生きとし生けるものを平等と見たことも、古代における人間観として重要である。[26]

大乗金光明経の転読

『金光明最勝王経』は『金光明経』とも『最勝王経』ともいわれ[27]、『日本書紀』天武五年（六七六）十一月甲申条の「遣二使於四方国一、説二金光明経・仁王経一。」という記事が初見である。金光明経・仁王経は共に護国経典といわれ、表6からもわかるように、経典読誦・講説の国家法会においてしばしばこの二経典が取り上げられている。特に、『日本書紀』持統八（六九四）年五月癸巳条に「以二金光明経一百部一、送二置諸国一。必取二毎年、正月上玄一読之。其布施、以二当国官物一充之。」とあり、持統十（六九六）年十二月己巳朔には「縁レ読二金光明経一、毎レ年十二月晦日、度二浄行者一十人一」との勅がでて以降、正月の金光明経読誦が宮中と諸国において恒例化した[28]。このように金光明経が重用されたのは、その四天王品に、経典を受持し恭敬する国王の人民・国土を四天王が守護するとあるところが、王権の統治にとって格好のよりどころとなったからであった。[29] これまでの仏教史研究が指摘するように、それは専ら経典を読誦することによってそこに呪術的効力を期待し、国家安泰を祈願するものであった。そこに、衆生一人一人の生存苦と向き合い、それを救済するといった大乗仏教の精神を見いだすことは難しい。したがって国家法会に読誦されてきた経典はすべて大乗経典といっていいのであるが、表6からもわかるように一度も「大乗」の語が冠されたことはない。それだけにこの天平十五年正月の法会の経典に「大乗」の語が冠されているということは十分注目に値することである。大乗経典たる『金光明最勝王経』を読誦せよという布告の真意が「海内の出家せる衆僧」に果たしてどのくらい届いたかはともかくとして、本法会には明らかにそのような天皇のメッセージが込められていたと読むことができるのではないだろうか。

実は本法会は単に『金光明最勝王経』の上に「大乗」の二文字が冠せられているだけではない。本法会の開催を告げる「詞」全体が基本的に大乗仏教のキーワードをもって構成されているということができる。冒頭の「正法を宣揚し蒸民を導御せむと思ふ」は、本法会の目的を語るが、仏法により広く民衆を教え導くという発想は、国家安泰・招福除災を祈願してその余滴が百姓に及ぶようにという従来の法会の趣旨とは異なっている。あえていえば、仏法による民衆の救済・導御のためにこの法会は開かれると取れるのである。

次に「慈悲の音を暢べて」と言っている。「慈悲」は諸仏・菩薩が衆生救済に向かうという大乗仏教の発想の中でその真の意味が深められ、菩薩は慈悲の具現者であるとされている。最後の願文部分に見られる「同じく菩薩の乗に乗して並に如来の座に坐せむ」は、この法会を円満に成し遂げることにより、仏弟子たる朕は、諸大徳とともに衆生救済を使命とした菩薩の道を歩み、ともに覚者としての如来の座をめざそうという天皇の願いを述べたものである。先述したように、ここには紛れもなく大乗の精神による法会の開催が告げられているといってよいであろう。

四十九人の大徳たちと行基

通常の大規模な法会は別表6からも知られるように七百人とか二千人とかの衆僧を招請して行われる。天皇の年齢と等しい数の僧が招請された法会もある[30]。また、読誦する経典の巻数に合せた僧尼の招請ということも行われている[31]。こうしたことから考えると、四十九人の大徳を招聘し、四十九日間にわたって法会を行うという、この「四十九」にも特別な意味がこめられていると考えるのが自然である[32]。四十九という数字は仏教で重視する七の七倍の数として「大七」とか「七大七」といわれ経典の中でも重視される数字である[33]。そうした数字として好まれたとも考えられるが、筆者はこの数字にさらに積極的な意味を考えたいと思う。結論を先にのべれば、これは弥勒菩薩の住む兜率天の宝宮をめぐる四十九重の垣にちなむ「四十九」ではないかと思う。

本法会が『大方広仏華厳経』（以下『華厳経』）の興隆の中で、その影響の下に成立してくることは後述するが、その『華厳経』に登場する兜率天ないし弥勒菩薩の存在がこの「四十九」という数字を生み出したのではないだろうか。『華厳経』では毘盧舎那仏が八つ（八十華厳では九つ）の会座（説法の場）で光明を放ち教えを示すが、その会座の一つが兜率天である[34]。また『華厳経』の最後には、本経の説く菩薩修行を総括するような「入法界品」という求道物語が置かれている。その主人公善財童子は修行遍歴の最後に、弥勒菩薩に向かって「菩薩の道をどのように学び、どのように修行したらよいか」と問いかけ、弥勒菩薩は菩薩道の真髄を懇々と童子に説き、善財はそれに導かれて普賢菩薩と出会い不退転の菩薩の境地に至るという筋である。このような『華厳経』における弥勒の役割を踏まえて、弥勒菩薩の住む兜率天四十九重の宝宮にちなむ「四十九」が選ばれたのではないだろうか。

法会に招かれた四十九座の大徳が「諸徳等或一時名輩。或万里嘉賓。僉曰㆓人師㆒咸称㆓国宝㆒。」の人々として招かれているということもこの法会の特徴として重視したい。通常の法会にどのような人々が携わったか具体的な記録はないが、前述したように、百人を単位とする法会では当然官大寺の官僧が招請されたであろう。彼らは国家法会・仏事に奉仕するためにこそ存在したのである。しかし、今回の法会ではことさらに招請された僧達が大徳とよばれ、「一時の名輩・万里の嘉賓・人の師・国宝」と称されていることは、通常と異なる人選であったことを窺わせる。直接の史料は残っていないが、どのような僧達が該当したか、文言よりその可能性を探ってみることにする。

「万里の嘉賓」からまず想定されるのは、天平八（七三六）年八月、遣唐副使中臣名代に伴われて来朝した婆羅門僧菩提・唐僧道璿・林邑僧仏徹の三人である。来日後、官寺の筆頭大安寺に止住して七年経ち、九年後の天平勝宝四（七五二）年の大仏開眼会でそれぞれ主役を務め（後述）、[35]僧綱に任ぜられていることなどを考えると、本法会に招請されていた確度は高いと考えられる。そして、外国人僧侶の法会参加ということ自体がこの法会の特殊性を語っていよう。

「一時の名輩・人の師・国宝」として招請を受けた大徳として想定されるのはどのような僧達であったか。『続日本紀』での僧の呼称は僧綱の任命者と二、三の例外者に「法師」の尊称が付けられている他は「僧某」または

「沙門某」である。大徳は法師以上の限られた高徳の僧への尊称で和尚・和上とほぼ同格で使われている。天平十五年前後に「大徳」の尊称を受けていた僧を当時の諸史料から拾うと、行基・慈訓・勝叡・了行・尊応・良弁・審祥・厳智・円證・性泰・智璟・澄叡・春福といった僧を挙げることができる。これに当時の僧綱を加えるべきであろう。僧正玄昉、大僧都行達、小僧都栄弁、律師道慈・行信が当時の僧綱を構成していた。以上に挙げた人々は、本法会に大徳として招請された可能性が強いと推定される。

行基の本法会参加は、従来の行基研究からすれば奇異の感を抱かれるかもしれないが、本法会に招請された僧達の人選基準や、行基と朝廷との関係からすると必然性が高いと考える。この点については後述したい。

第三節　大乗法会登場の仏教史的背景

国家法会の主旨

従来の国家法会は年穀不熟、疫病猖獗、長雨・旱といった万民に及ぶ災害や、天皇・皇后・太上天皇・皇太子等の病気、内乱等眼前の危機を直接の契機として（表6目的の項参照）、それらの差し迫った危機を鎮撫・克服するために、宮中や諸寺において大規模な経典読誦や講説が行われてきた。例えば、天平九（七三七）年全国的疱瘡の蔓延と併せて旱が続き、藤原四兄弟を初めとする高官の死去も相次いだ。一連の『大般若経』『金光明最勝王経』の転読の法会（表6 N0 40～45参照）はその典型である。『続日本紀』八月丙辰「為㆓天下太平国土安寧㆒。於㆓宮中一十五処㆒。請㆓僧七百人㆒。令㆑転㆓大般若経。最勝王経㆒。度㆓四百人㆒。四畿内七道諸国五百七十八人。」とある。経典の読誦は祈祷としてのそれであり、呪術的効果が期待され、併せて大量の得度者を許可することによる功徳の効果も求められている。

またこの時期は王権による大規模な写経事業がいくつも組織的に行われているが、その目的を語る願文には、国家法会と共通した発想が見られる。例えばこの時代を代表する光明皇后一切経書写の願文には先ず「尊考贈正一位太政大臣府君、尊妣贈従一位橘氏太夫人」御為めとあって、父故藤原不比等・母故県犬養橘三千代の冥福の為に写経を行うとし、さらに聖朝の福寿、官人・宮人の忠節、最後に獲福消災・一切迷方会帰覚路を願うとしている[36]。この発想は神亀五（七二八）年九月廿三日の日付を記す長屋王大般若経御願文にも共通する[37]。

さらに、天平十三（七四一）年二月十四日[38]に宣せられた国分寺建立の詔の願文も[39]、右に述べた国家法会や王族の写経願文と共通した発想を見ることができる。そこには仏教の呪的威力に期待して、天皇は鎮護国家から始まり皇祖の冥福や一族の長寿と繁栄、さらには王権を支える股肱の臣でありかつ姻戚関係にある橘氏や藤原氏の慶福と忠節の祈願が主要な部分となっている。

本法会は前述したような国家の危機回避や王権とそれに連なる一族の冥福・繁栄を直接の目的とせず、仏法による「蒸民導御」のため、「菩薩」の道を歩んで「如来」に至ることを願って行われた法会であるという点で従来型の法会とはその発想が異なっている点が画期的なこととして注目される。

ここで、本法会の大乗的特徴をより明確にするために従来の国家仏教の要点を略述しておきたい。『日本書紀』

大化元（六四五）年八月癸卯条で、孝徳天皇は大寺に僧尼を招集し、蘇我氏が主導してきた仏教活動を天皇が摂受し、十師を置いて衆僧を教導するとともに、以後の造寺には天皇が援助する旨の詔を出した。天武朝にいたり律令体制の基礎が造られていくが、仏教政策についても、僧尼令の根幹になるような詔勅が次々に出された。すなわち、『日本書紀』天武六（六七七）年八月辛卯朔乙巳に「親王・諸王及び群卿に詔して、人ごとに出家一人を賜ふ。」とあり、出家することが天皇よりの賜わりものとして観念されていることがわかる。僧尼令では個人が自分の意志で出家することを「私度」として固く禁じ、天皇と国家の得度の許可権が法制化される。

同天武八（六七九）年十月庚申条には「勅制下僧尼等威儀及法服之色、并馬従者往二来巷閭一之状上。」とある。「威儀」は僧尼として礼仏、法会におけるふるまいが仏法に仕える者として畏敬の念を起こさせる様に行動を定めたものである[40]。後半の「馬・従者巷閭往来状」は通説のように僧尼令遇三位已上条に法制化されてゆく。僧尼が馬に乗って路上で三位已上や五位已上の貴族官人に出会った場合に、処すべき礼を定めたものである。この年の正月には、諸王・諸臣の礼を定めており、礼は律令的身分秩序を保つ上で重要であった[41]。俗世を離れた僧尼を俗世の身分秩序に組織化し、律令に定めた点は日本古代特有の現象であり、古代僧尼の置かれた社会的立場がわかる。武田佐知子氏は儀制令が朝廷外の巷閭においても身分秩序を貫徹させるために、身分関係が一目瞭然となるよう朝服の着用を定めていると指摘する[42]。この日同時に僧尼が着用すべき法服の色が定められているのも、そのことと関連があると思われる。

同天武紀八年十月には「凡諸僧尼者、常住二寺内一、以護二三宝一。」ことを前提とした勅が出ている。僧尼の行動範囲を寺内に限定し、王権に奉仕する存在とした重要な規定である。僧尼令非寺院条に法制化されることになる。僧尼の住処を寺院に限定するのは極めて小乗的な発想であり、同時にそこには仏教の実践者である僧尼を王権が占有することを示している。この点こそ、最も非大乗的な僧尼令の規定である。

以上天武期には、大宝律令・僧尼令の思想の骨格を為す僧尼に対する国家の統制が相次いで出されたことがわかる。このことが、長らく日本の古代僧尼をして大乗の精神にたいして無関心にした大きな原因と考えられる。では、なぜ天平十五（七四三）年に至って、大乗法会が営まれるような事態となったのであろうか。そのことを検討してみたい。

国家による大乗思想の受容

『金光明最勝王経』も大乗経典であるから衆生救済を説いているのであるが、[43]前述のような仏教観を持っていた王権・国家にとっては専ら「四天王護国品」のもつ呪的側面が重視されてきた。これに対して『華厳経』は大乗仏教思想を代表する経典で、「十地品」には衆生救済に赴く菩薩の困難な修行と目指すべき高い境地が説かれ、またすべての人の心に如来となる因があるという如来蔵思想を説いた経典で、大乗経典の中の巨編の一つとされている。[44]

では『華厳経』はいつ頃日本に将来されたのであろうか。『続日本紀』養老六（七二二）年十一月丙戌、元明天皇一周忌追福の詔に「華厳経八十巻、大集経六十巻、涅槃経卌巻、大菩薩蔵経廿巻、観世音経二百巻を写し、…」と見えるのが史料上の初見である。これは養老二（七一八）年唐より帰国の道慈がもたらしたものであろうとされる。[45]しかし、この段階ではまだ写経の域を出ていないと思われる。『華厳経』の内容的な理解が始まるのは天平八（七三六）年、唐僧道璿やインド僧菩提が来日したことに始まるという[46]。さらに本格的な『華厳経』の講説が行われるのは、天平十二（七四〇）年十月である。聖武天皇四十の賀を記念して、良弁が主催し、新羅学生審祥を講師として始まった[47]。審祥は新羅で義湘より華厳経を学んだが、義湘は唐華厳宗第二祖智儼から華厳を学んでおり、いわば唐華厳宗の直系といってよい[48]。このあたりから、天皇周辺の仏教界で『華厳経』の内容的な理解が急速に進んだと推測でき、それはとりもなおさず、大乗仏教思想の精髄に否が応でも触れてゆくことになったと考えられる。

聖武天皇と大乗仏教

ここで本法会の主催者聖武天皇と大乗思想、とりわけ『華厳経』との関連を検討しておきたい。天皇がいつ頃から『華厳経』に関心をもったか定かではないが、天平三（七三一）年写了の『聖武天皇宸翰雑集』には「盧舎那像讃一首幷序」や弥勒菩薩に関わる五編が収められている[49]。さらに、天平六（七三四）年の一切経勅願文に「朕万機の暇を以て、典籍を披覧するに、身を全くし、命を延べ、民を安じ業を存する者は、経史の中、釈教最上なり、是に由り三宝を仰ぎ憑み、一乗に帰依せむ」とある[50]。一乗とは悟りに至る修行者のありかたで声聞乗・独覚乗・菩薩乗それぞれを包摂した一つの乗り物の意で、この一つの乗り物により衆生を等しく悟りの境地へ至らせようという大乗思想の根本を表現する語である。この頃すでに天皇は仏教を最上の教えとし、かつ大乗の説く一乗の教えに共鳴するものをもっていたことを語る史料である。

天平十二（七四〇）年天皇は河内国大県郡の知識寺に行幸し、ここで盧舎那仏像を見て大仏造立を思い立ったと後に述べている。[51]盧舎那仏（釈尊）は『華厳経』教主であり、知識寺への行幸はここに至るまでの天皇の『華厳経』への関心から出たものと考えられる。また、この『華厳経』への関心自体、さらには大仏造立への決断には遣唐使や留学僧道慈・玄昉等によってもたらされた唐高宗の竜門・盧舎那仏石像や則天武后の華厳信仰、そこからでた白司馬坂の盧舎那仏造立等の情報が大きな影響を与えたと言われている。[52]

天平十二（七四〇）年には金鍾寺で『華厳経』の講説が始まり、天平十六（七四四）からは華厳別供が設けられ三年間の連続講説が行われた。天平勝宝元（七四九）年閏五月癸丑の詔で聖武天皇は太上天皇沙弥勝満[53]を名乗り、「華厳経為㆑本」と宣言した。ここに、天皇は従来王権が重視してきた『金光明経』よりも、大乗思想のより明確な『華厳経』を自己の信仰と統治のイデオロギーとしたと言うことができるのではないだろうか。

行基容認の仏教史的背景

養老期に国家は行基集団を厳しく弾圧したが、[54]天平期に入ると容認の姿勢に転じる。[55]『続日本紀』天平三（七三一）年八月癸未の詔で行基を法師の敬称で呼び、随遂する優婆塞・優婆夷（出家を志す男女の修行者）のうち男は六十一以上、女は五十五以上に出家を認めた。いずれも、課税免除の年齢に達した者への入道許可で、行基集団が京畿内に与えている影響力の大きさを暗示している。詔の文言から、出家者は托鉢も認められており、僧尼令の法意[56]からすれば、彼らが「精進練行」の徒として認められたことになる。天平十（七三八）年頃には、行基は大徳の称を以て呼ばれ[57]、「衆生教化」「精進練行」の第一人者と目されていたことがわかる。[58]

天平十三（七四一）年、行基はこれまで築造した橋六、道一、池十五、溝七、樋三、港二、堀四、布施屋九の所在地を官に提出している[59]。国家が行基の仏教実践である大規模土木事業・窮民救済に関心をもったことを示している。和銅以来の官事業が、その役民動員において難渋する中[60]で行基事業の成功は驚異であったに違いない。当然そこに成功の原因が官によって追究されたであろう。行基事業の成功は瑜伽唯識思想に裏付けられた行基流の作善事業にあったと思う。行基の仏教実践の背景として「瑜伽唯識」があったこと、教化にあたって「随レ器誘導。咸趣二于善一。」と『続日本紀』行基薨伝は記している[61]。瑜伽唯識は、煩悩をさって解脱に至るために、人間の心の仕組みを徹底的に分析し、認識の根本はただ識（心）であるとした。仏法を聞き、作善を積み、深層の心（阿頼耶識）を浄化することで一歩づつ悟りに近付くとする[62]。行基の建てた四十九院はみな道場と呼ばれ、そこでは瑜伽行派が重視する座禅が行われていた形跡がある[63]。行基が土木事業現場の近くに道場を造ったことは早くから指摘されている[64]。労働即修行、労働即作善、参加の人々は労働により心が浄化され菩提に至る修行をしているのだと教えられ、それを実感したに違いない。そこに、行基の大規模事業を可能にした秘密があったと思う。

官はそのことを行基側の「天平十三年記」の提出により把握した。『続日本紀』同年十月癸巳条は官によるその実験だったのではなかろうか。すなわち「賀世山東河造レ橋。始レ自二七月一。至二今月一乃成。召二畿内及諸国優婆塞等一役レ之。随レ成令二得度一。惣七百五十人。」とある。賀世山の東の河とは当時造営中だった恭仁京へ至る場所であり、この従事者が行基集団を指すというのは通説である。行基流修行を認め、得度させたと解釈したい。

聖武天皇は自身の関心と、天平十（七三八）年前後より盛んとなる王権周辺での『華厳経』の内容理解の深化に促されて、教義としての大乗思想への理解を発展させたと考えられる。そこへ、天平十三（七四一）年行基の教化実践を知る機会があった。[65] 行基は『瑜伽師地論』という最も菩薩の修行と実践を重視する唯識の仏典によって菩薩行を組織的に実践していたと考えられる。[66] 教義と実践の両面から、天皇は菩薩の思想に確信をもったに違いない。それが、本法会の「大乗金光明最勝王経」転読、菩薩の願文へと結実していったと思う。

天皇の大乗思想への帰依は、この後どのように発展するであろうか。『続日本紀』から記事を拾ってみたい。まず大仏建立の詔中に「菩薩の大願を発して、盧舎那仏の金銅像一躯を造り奉る」という一文となって現われている。また詔中には「如更有レ人情願下持二一枝草一把土一助中造像上者。恣聴レ之。」とあり、万民に知識としての参加を認めている。この一条は専ら巨大な大仏造像の財力を知識という形で天下に呼びかけたものと解されている。しかし、これは発願者は天皇であるが、同時にその志あるすべての人に造立の主体となることを認めたものと解することができる。さらに天平十九（七四七）年十二月乙卯の勅に、「天下諸国。或有二百姓情願レ造レ塔者一。悉聴レ之。其造地者必立二伽藍院内一。不レ得三濫作二山野路辺一。若備儲畢。先申二其状一。」とある。この勅は太上天皇（元正）の不予により、天下大赦を行うという勅に続いて出されている点が微妙であるが、百姓の仏教信仰を認めるという点では、従来の王権の発想になかったものである。[67] それが、天平十五年の大仏建立詔を契機として、大乗思想の受容の中で容認されたものと解したい。天平二十（七四八）年正月八日には、行基を戒師として天皇は皇后とともに菩薩戒を受け、沙弥勝満の法名を称することとなった。[68] 天平勝宝元（七四九）年閏五月癸丑には前述のように「華厳為本」の詔が出される。これら一連の記事をみると、天皇の大乗菩薩思想への信仰は年とともに、揺るぎないものとなっていったと見なしてよいと思う。そこには、もちろん統治者として国家を統合し、百姓までをも統率する天皇としてのイデオロギーを大乗菩薩思想に見いだしたという側面があったことを見逃してはならないが、仏教思想史上にもった意義も見落としてはならないと思う。

おわりに

行基の死に際し『大僧正舎利瓶記』は「人仰㆓慈悲㆒、世称㆓菩薩㆒」と記し、『続日本紀』は「時人号曰㆓行基菩薩㆒。」と記している。行基の民間での教化活動は同時代の人々から、大乗仏教に説く菩薩行の実践であると見られていた。その行基が、国家事業である大仏造立に勧進の役割を引き受けたのは、国家の事業がとにもかくにも、大乗の精神に則って行われたことによるのではないかということが本論考で得た結論である。

天平十五年正月から行われた大々的な法会は、大仏建立詔の先駆けをなすものであり、大乗精神を宣揚する法会であったことを検討してきた。このことは、古代仏教思想史の上で、王権と支配層のみが仏教を占有するものとした僧尼令的仏教観を一歩脱して、衆生救済の大乗仏教を少なくとも思想上は容認したという点で画期的なことであったと思う。言い換えれば、衆生（一般民衆）の仏教信仰を認めたということである。国家の財政を支える客体として国家に奉仕する存在以上ではなかった百姓にも、仏教的救済が及ばなければならないということを認めたともいい得よう。そういう意味で、大仏建立詔にある次の一節に注目しておきたい。

夫有二天下之富一者朕也。有二天下之勢一者朕也。以二此富勢一造二此尊像一。事也易レ成心也難レ至。但恐徒有レ労レ人無二能感レ聖。或生二誹謗一反堕二罪辜一。是故預二知識者一。懇発二至誠一。各招二介福一。宜三毎日三二拝盧舎那仏一。自当下存レ念各造中盧舎那仏上也。

ここには、参加者の「心の問題」が取りあげられている。これは知識寺への行幸や、そこでの盧舎那仏参拝という経験だけでは導くことができない発想である。行基的仏教事業の影響がここに見られるのではないだろうか。行基はこうした天皇・国家の大乗思想の理解と宣揚が己の信じる大乗仏教思想の拡大に資するものと考えて大仏造立事業に参加したのではないだろうか。ここに行基の思想の一貫性を見たいと思う。

一時期行基を反権力運動の指導者とする見方があったが、古代の仏教実践者である行基に対して思想的なそれを要求することにはそもそも無理があるであろう。むしろ行基とその弟子等は大乗思想の忠実な実践者であったが故に国家の仏教認識と対立し糺弾を受けたが、一貫して民間にあって布教活動を続け大乗菩薩僧を養成してきたことをこれまでの章で見てきた。天平三年の行基に随従する優婆塞・優婆夷に対する制限付き得度許可の問題も行基側からの要請に国家が妥協的に応じたとも考えられるのである。もしそうであるとすれば、得度権を国家が持っていた時代に、行基集団が育てた菩薩僧尼を国家が追認したということになる。これは『顕戒論』の中で最澄が指摘した事実とも合致する。(69)

大仏建立の一大国家事業がいかに民衆に苦難を強いるものであったかは橘奈良麻呂のような貴族にも認識されていたのであるから、行基の眼にも映らなかったはずはない。先学の指摘にあるように、そこには国家事業に取り込まれてゆく仏教の限界、石母田正氏や米田雄介氏が指摘されたような政治権力としての国家のイデオロギーの陥穽に堕ちる一面をもっていたことを筆者も認めたいと思う。[70] しかし、仏教の民衆への普及や民衆の精神史のうえに印した一歩、国家の仏教観に変革を迫った一面も見ておきたいと思う。

注

（1）天平二十一（七四九）年二月二日、行基は平城京の菅原寺で遷化。弟子等は遺命により生駒山の東陵に火葬した。その時弟子真成が記した墓誌をいう。舎利瓶記を収めた銅筒に刻印され埋納されたが、文暦二（一二三五）年発掘された。銅筒銘一片が残存、本文写しが唐招提寺に伝わる。

（2）安元元（一一七五）年、泉高父の著書。その史料構成及び信憑性については井上光貞「行基年譜、特に天平十三年記の研究」（竹内理三博士還暦記念会編『律令国家と貴族社会』吉川弘文館　一九六九、日本名僧論集第一巻『行基　鑑真』（吉川弘文館　一九八三））に詳細な分析と考証がある。また、『年譜』年代記部分については近年大野寺土塔出土文字瓦の分析からも史料としての信憑性が高まっている。近藤康司「大野寺を考古学する」（摂河泉古代寺院研究会編『行基の考古学』塙書房　二〇〇二）

（3）『続日本紀』養老二年十月庚午条、「講論衆理、学習諸義、唱誦経文、修道禅行」をあげ僧尼を督励。養老三年十一月乙卯、僧綱への詔で神叡・道慈の学問を顕彰している。

（4）『続日本紀』養老四年十二月癸卯条、「釈典之道、教在二甚深一。転経唱礼、先伝二恒規一。理合二遵承一、不レ須二輙改一。・・・・宜下依二漢沙門道栄・学問僧勝暁等一、転経唱礼上、余音並停レ之。」

(5)『続日本紀』養老元年四月壬辰、禁制三箇条の詔中の第二項。同、養老六年七月己卯太政官奏。
(6)『続日本紀』養老元年四月壬辰、禁制三箇条の詔中の第一項。
(7)『続日本紀』天平元年十月甲子、道慈を律師に任命。天平八年二月丁巳、入唐学問僧道慈・玄昉に扶翼童子を賜う。天平九年四月壬子、道慈、鎮護国家のための大般若経転読法会を大安寺で恒例化。天平九年八月丁卯、玄昉を僧正に任命。同十月丙寅、道慈を講師とし大極殿にて金光明最勝王経の講説「朝廷之儀一同元日」とある。同十二月壬戌、玄昉が皇太夫人藤原宮子の「為沈幽憂久廃人事」という病を治す。国分寺建立や大仏造立への道慈・玄昉の関与も指摘されている。
(8)別掲表6参照
(9)別掲表6参照
福山敏男「奈良朝に於ける写経所に関する研究」(『史学雑誌』四三編一二号 一九三二、福山敏男著作集『寺院建築の研究』中 一九八二)、皆川完一「光明皇后願経五月一日経の書写について」(坂本太郎博士還暦記念会『日本古代史論集』上巻一九六二)、薗田香融「南都仏教における救済の論理(序説)—間写経の研究—」(日本宗教史研究4『救済とその論理』法蔵館 一九七四)、栄原永遠男「天平六年の聖武天皇発願一切経—写経司と写一切経司—」(『続日本紀の時代』塙書房 一九九四)
(10)『続日本紀』記載の諸国への造像記事だけでも、天平九年三月丁丑、詔「毎国令造釈迦仏像一躯。挟侍菩薩二躯。」天平十三年正月丁酉「三千戸施入諸国国分寺。以充造丈六仏像之料。」天平十五年十月辛巳、大仏造立詔。天平十七年九月甲戌、「造薬師仏像七躯。」
(11)『続日本紀』天平七年六月己丑、霊亀二年以来の荒廃寺院併合策を停止。『類聚三代格』天平十三年二月十四日、国分寺建立詔、毎国七重塔一区・僧寺・尼寺の創建。その他にも京師・畿内の官大寺・准官大寺への食封施入、国分僧尼寺への財政援助等が天平六年三月丙子、天平十年三月丙申、天平十三年正月丁酉、天平十六年七月甲申に見える。天平十九年十二月乙卯には天下諸国の百姓に「情願二造塔一者。悉聴レ之。」の勅が出ている。

(12) 前掲註（5）

(13) 前掲註（2）『行基年譜』「天平十三年記」

(14) 井上光貞「行基の宗教運動」（『日本古代の国家と仏教』岩波書店　一九七一）、石母田正「国家と行基と人民」（『日本古代国家論』岩波書店　一九七三）

(15) 井上薫『行基』（吉川弘文館　一九五九）、中井真孝「行基の伝道と社会事業」（『日本古代の仏教と民衆』評論社　一九七三）

(16) 二葉憲香「行基の生涯と反律令仏教の成立」（『南都仏教』第九号　一九六一）

(17) 鎌田茂雄『華厳の思想』（講談社　一九八三）は、「行基も知りつつ民衆のために利用された」とするが、どういう点で民衆のために利用されたのか、具体的に明らかにされていない。

(18) 『続日本紀』天平勝宝八歳十二月己酉条に、孝謙天皇が諸大寺に梵網経講師を招請した時その招請文を「詞」と記しているのが参考になる。

(19) 転経・略読とも。最初から最後まで読む真読に対して、経題と経の一部分だけを読んで全巻の読誦に代えること（『岩波仏教辞典』）。しかし、古代における転読は「経典を長く伸ばして詠じること」（箕輪顕量「中国における講経と唱導―法会における唱導と論義の研究―」『日本仏教の教理形成』大蔵出版　二〇〇九）と取るべきであろう。

(20) 井上薫「国衙における最勝王経読誦」（『奈良朝仏教史の研究』吉川弘文館　一九六六）には正倉院文書に残る天平期の諸国正税帳に正月十四日の金光明経・最勝王経読誦の供養料が正税より支出された記録を載せているとある。

(21) 勝浦令子「仏教と経典」（列島の古代史　ひと・もの・こと　7『信仰と世界観』岩波書店　二〇〇六）、『木簡研究』

（二二号　一九九九年出土報告）によれば、江平遺跡の所在地は福島県石川郡玉川村大字小高字江平、遺跡の種は集落跡とするが、南東約一〇㎞の処に白河郡家と比定される関和久遺跡があるという。この周辺から「寺」と書かれた墨書土器も出土。解読困難な文字を推定し「最勝王経仏説大弁（品）功徳（品四天王（品）経千巻又大般若経百巻を呰麻呂が精誦し奉る天平十五年三月三日」と釈文がある。本木簡は天平十五年正月癸丑条の記載と合致すると福田秀生・平川南両氏の所見を載せる。『木簡研究』の釈文は左の通りである。

・「最□〔勝カ〕□□仏説大□〔弁カ〕功徳四天王経千巻　又大□〔般カ〕□百巻
　天平十五年三月□日」

・「合千巻百巻謹呰麻呂精誦奉」

(22) 福山敏男　前掲注（9）は、正倉院文書中の写経関係文書の検討から、同一機関が福寿寺一切経所→金光明寺一切経所→東大寺写経所と変遷したことを証明している。山下有美「写経機構の変遷」（『正倉院文書　写経所の研究』吉川弘文館　一九九九）は山房から金鍾山房へ、さらに光明皇后管下の福寿寺とを合せて金光明寺が成立したことを考察している。

(23)『続日本紀』によれば大和国は次のように表記が変遷した。
天平九（七三七）年十二月丙寅、「改㆓大倭国㆒為㆓大養徳国㆒。」天平十九（七四七）年三月辛卯、「改㆓大養徳国㆒為㆓大倭㆒」。天平宝字二（七五八）年二月己巳、「大和国（守）（初見）」

(24) 前掲注（3）（4）

(25) 辻善之助『日本仏教史』第一巻　上世篇（岩波書店　一九四四）、井上薫「大仏造顕発願詔の発布」（前掲註（20））、

田村圓澄「盧舎那仏の造立」（『古代日本の国家と仏教』吉川弘文館　一九九九）、勝浦令子　前掲註（21）

(26) 平川彰「大乗仏教の特質」（平川彰著作集5『大乗仏教の教理と教団』春秋社　一九八九）、平川彰・梶山雄一・高崎直道編　講座・大乗仏教1『大乗仏教とは何か』（春秋社　一九八一）

(27) 大和田岳彦「奈良時代における『金光明最勝王経』の受容過程」（『佛教史學研究』第四一巻第二号　一九九九）は『金光明経』　四巻　四一二年　北涼曇無讖訳
『合部金光明経』　八巻　五九七年　隋宝貴等訳
『金光明最勝王経』　一〇巻　七〇三年　唐義浄訳
以上三種が現存。『続日本紀』神亀五（七二八）年十二月己丑条に、「金光明経六十四帙六百卌巻頒二於諸国一国別十巻。先レ是、諸国所レ有金光明経、或国八巻、或国四巻。至レ是、写備頒下。」とあり、ここから神亀五年以前諸国では四巻本・八巻本まちまちに所持していたが、初めて十巻本を全国に統一して頒布したことがわかる。

(28) 井上薫　前掲注（20）

(29) 四天王品に次の一文がある「「汝等四王（毘沙門天等四天王）、…諸の人王の是の経を受持し、恭敬し供養する者を擁護し、為に衰患を消して其をして安楽ならしめ、復た能く宮殿・舎宅・城邑・村落・国土・辺疆を擁護し、乃至怨賊をして悉く退散せしめ、其の衰悩を滅して安穏を得せしめ云々」（国訳一切経『金光明経』巻第二四天王品第六）大正新修大蔵経（六六三―三四三b）

(30) 『日本後紀』延暦二十四年二月庚戌条、桓武天皇六十九歳にちなみ六十九人の僧が屈請され、薬師悔過が行われた。

(31) 薗田香融　前掲注（9）論考によれば六百僧を請じ『大般若経』六百巻、四十九僧を招いて『薬師経』七巻を読ませた例を挙げる。

(32) 田村圓澄　前掲注（25）論考では四十九を『観弥勒菩薩上生兜率天経』の影響があるかとしながら、『薬師如来本願経』に依拠した可能性が強いとしている。

(33)『出曜経』巻第六無放逸品第四の二（国訳一切経・本縁部十）、大正新修大蔵経（二一二—六三九　c14～c24）

(34)本法会の前年、天平十四年には道慈が大安寺で寺主の教義と共に華厳七処九会図像を造っている。七処の一は兜率天である。道慈と本法会とのかかわりは、本文で後述するが、道慈は唐西明寺を模して大安寺の再建も行った。西明寺はインド祇園精舎を範とし、祇園精舎は兜率天四十九重の弥勒の宝殿のイメージを模したという伝承（『扶桑略記』神亀六年同年条、『七大寺日記』）もある。

(35)僧綱は「僧尼令」に定める僧尼を統括する僧官。僧正・僧都・律師により構成され、その選任に当たっては「凡任二僧綱一。〈謂。律師以上〉必須レ用下徳行。能化二徒衆一。道俗欽仰綱二維法務一者上。所レ挙徒衆。皆連署牒レ官。」とある。『続日本紀』天平勝宝三年四月甲戌条で菩提は僧正に、道璿は律師に任命されている。

(36)光明皇后一切経奥書（正倉院御物華厳経論巻十八）（『大日本古文書』二—五五五）

(37)長屋王御願書写大般若経御願文（『大日本古文書』二四—五）

(38)『続日本紀』は天平十三年三月乙巳（二十四日）とするが、類聚三代格には天平十三年二月十四日とする。井上薫「国分僧尼寺建立勅発布と藤原広嗣の乱」（『奈良朝仏教史の研究』吉川弘文館　一九六六）は諸説に詳細な検討を加え、二月十四日を取るべきとする。従いたい。

(39)『類聚三代格』が載せる願文部分は左の通り。

一願天神地祇共相和順。恒将二福慶一永護二国家一。

一願開闢已降先帝尊霊。長幸二珠林一同遊二宝刹一。

一願太上天皇。大夫人藤原氏。及皇后藤原氏。皇太子已下親王。及正二位右大臣橘宿祢諸兄等。同資二此福一倶向二彼岸一。

一願藤原氏先後太政大臣。及皇后先妣従一位橘氏大夫人之霊識。恒奉二先帝一而陪二遊浄土一。長顧二後代一而常衛二聖朝一。乃至自レ古已来至二於今日一身為二大臣一竭レ忠奉レ国者。及見在子孫。倶因二此福一各継二前範一堅守二君臣之礼一長紹二父祖之名一。広洽二群生一。通二該庶品一。同解二憂網一共出二塵籠一。

一願若悪君邪臣犯二破此願一者。彼人及二子孫一必遇二災禍一。世世長生下無二仏法一処上。

(40)『類聚三代格』「僧綱員位階并僧位階事」は延暦五年三月六日の太政官符を載せ、「威儀法師六口」と定めている。

(41)大隅清陽「儀制令と律令国家―古代国家の支配秩序―」(『中国礼法と日本律令制』東方書店一九九二)「礼と儒教思想」(列島の古代史　ひと・もの・こと　7『信仰と世界観』岩波書店　二〇〇六)は大化前代の氏姓制の伝統を残した特有の礼秩序を指摘している。

(42)武田佐知子「古代における道と国家」(『ヒストリア』一二五　一九八九)

(43)『金光明最勝王経』「除病品」「長者子流水品」等

(44)鎌田茂雄「華厳思想の核心」(『華厳の思想』講談社学術文庫　一九八八)

(45)井上薫「東大寺大仏の造顕思想」(前掲註(20))

(46)凝然『三国仏法伝通縁起』、井上薫　前掲註(45)

(47)『東大寺要録』諸宗章

(48)田村圓澄　前掲注(25)

(49)平岡定海「聖武天皇宸翰雑集について」(『南都仏教』第二号　一九五五)、東京女子大学古代史研究会編『「釈霊実集」研究聖武天皇宸翰『雑集』』(汲古書院　二〇一〇)

(50)栄原永遠男「天平六年の聖武天皇発願一切経―写経司と写一切経司―」(『続日本紀の時代』塙書房　一九九四)

(51)『続日本紀』天平勝宝元年十二月丁亥条、東大寺で橘諸兄の読んだ宣命中。

(52) 井上薫　前掲注（45）

(53) 聖武天皇の譲位、孝謙天皇の即位は天平勝宝元（七四九）年七月甲午であるが、閏五月の時点で太上天皇沙弥勝満を称したことはこのときの勅願文が大安寺管隷下の平田寺に残されていることで証されている。

(54) 前掲注（5）

(55) 『続日本紀』天平二（七三〇）年九月庚辰条「近レ京左側山原、聚二集多人一、妖言惑レ衆。」の記事を行基集団と解する説があるが翌年の政策に照らして行基集団とは取れない。

(56) 僧尼令〔非寺院条〕に「其有二乞食者一。三綱連署。経二国郡司一。勘二知精進練行一。判許。」とある。

(57) 東野治之「授戒の和上」（『鑑真』岩波新書　二〇〇九）によれば『広伝』中の「勅使良弁僧都及将大徳位名和勅特造」を著者は「勅して良弁僧都をして及《いた》ら使め、大徳の位名和勅を将《も》って、特に贈る」と読み大徳は天皇からの賜号としている。

(58) 『令集解』僧尼令〔非寺院条〕に「古記云。別立二道場一。聚衆教化。謂行基大徳行事類是。」「古記云。精進練行、謂行基大徳行事是。」とあり、古記は天平十年頃『大宝律令』に対する法家解釈を記した書とされる。

(59) 井上光貞「行基年譜、特に天平十三年記の研究」（竹内理三博士還暦記念会編『律令国家と貴族社会』吉川弘文館　一九六九、日本名僧論集第一巻『行基　鑑真』（吉川弘文館　一九八三））は、『行基年譜』中の「天平十三年記」が当時の公文書地名記載方法に一致するところから同時代史料としての価値を認めている。

(60) 『続日本紀』和銅四年九月丙子勅「頃聞。諸国役民。労二於造都一奔亡猶多。雖レ禁不レ止。今宮垣未レ成。」、同和銅五年春正月乙酉詔「諸国役民還レ郷之日。食糧絶乏。多饉二道路一。転二填溝壑一。其類不レ少。」

(61) 『続日本紀』天平勝宝元（七四九）年二月丁酉条。

(62) 横山紘一「唯識仏教の利他菩薩道」（楠淳證編『唯識―こころの仏教―』自照社出版　二〇〇八）、同「自己の根

源体—阿頼耶識—」（『唯識の哲学』平楽寺書店　一九七九）

（63）『続日本紀』宝亀四（七七三）年十一月辛卯の勅。行基四十九院の内荒廃した六院について「精舎荒涼、空余㆓坐禅之跡㆒。」とある。

（64）井上薫『行基』（吉川弘文館　一九五九）石母田正「国家と行基と人民」（『日本古代国家論』岩波書店　一九七三）

（65）『行基年譜』は天平十三年三月十七日のこととして聖武天皇の山城国泉橋院への行幸、行基との会談を記している。行基は給孤独園を日本にも作りたいと天皇より為奈野の地を請い受けている。後に、為奈野に昆陽施院を建設している。『年譜』のこの部分は「天平十三年記」や「年代記」部分と異なり信を置くことは出来ないが、「十三年記」の提出や十月の木津河架橋後の大量入道許可等の状況から全くの虚構とも考えられないのではないだろうか。

（66）行基とその集団が『瑜伽師地論』に説く菩薩行の実践者であったことは第二章で考察した。

（67）天武紀十四（六八五）年三月壬申の詔に「諸国毎㆑家、作㆓仏舎㆒、乃置㆓仏像及経㆒、以礼拝供養。」とあり、詔中の「毎家」をめぐっては井上薫氏が「天武十四年三月詔の「諸国毎家作仏舎」」（『奈良朝仏教史の研究』一九六九）において国分寺創建時期の問題と絡め、詳細な検討と批判の上に、毎家は百姓の家ではなく、国衙の一堂とされた。筆者も井上氏の見解に賛成である。むしろ百姓の仏教信仰が天皇・国家によって認められたのは聖武朝の天平十五年を画期としてよいのではないかと考える。

（68）『東大寺要録』本願章。『扶桑略記』は「天平二十一年正月十四日。於平城嶋宮。請㆓大僧正行基㆒為㆓其戒師㆒。太上天皇㆓受菩薩戒㆒。名勝満」とする。『行基年譜』は『扶桑略記』と同内容。天皇の「太上天皇沙弥勝満」は前掲注（53）参照。

（69）『顕戒論』巻上「開㆘示大日本国先㆓大乗寺㆒後㆓兼行寺㆒明拠㆖㆒」（日本思想大系『最澄』岩波書店　一九七四）

（70）石母田正　前掲注（64）、米田雄介「行基と古代仏教政策」（『歴史学研究』三七四　一九七一）

終章　まとめと課題

第一節　まとめ

行基とその弟子たちが養老元（七一七）年に国家から注目されたとき、すでに彼等はそれぞれが所属する寺を離れ、「朋党」を結び、「別に道場を立て、衆を聚めて教化する」といった反僧尼令的な活動を展開していた。古代日本では、僧尼はもともと国家とその支配者である王権、貴族に奉仕する存在として養成されてきた。それゆえに「僧尼令」では特別に彼等の身分を保障し、保護する規定が盛り込まれている(1)。そうした彼等が、いったいなぜ、いつ頃から寺を離れて「朋党」を結び、国家の禁じる一般衆生への教化活動を行うようになったのだろうか。彼等を結び付けたものはなにか。なぜこの時期にこうした僧尼が出現するようになったのか。従来の行基研究ではこうした疑問に必ずしも十分な答えを出してこなかったのではないだろうか。なぜなら、行基の仏教活動に対しては、行基のカリスマ性ということが大きな前提となっていて、行基の活動の背景としての仏教思想を問題とするときも、暗々裏に行基個人の思想として追究する傾向が強かった。しかし、養老元年にすでに集団化していた彼等については、その背景となる仏教思想も彼等全体の思想の問題として取り上げる必要があるのではないだろうか。

日本の古代僧尼が置かれた状況は国家・支配層への奉仕という多分に受動的なものであった。彼等は寺内で戒律を守る浄行者として経典の読誦に励み、国家・支配層の行う法会に正確な漢音で経典を読誦することにより、呪術的効果を発揮することが期待されていた。そうした環境の下では自ら経典の翻訳をするとか、その内容を内面化して、自覚的に出家者として自立した思索を深めるとか、経典の説くままに実践に赴くということは極めて困難であったといわなければならない[1]。古代僧尼の置かれたこのような環境を前提とするとき、養老元年に、あえて律令を犯し、寺を離れ、独自に「朋党」を結び、民間に教化を行う僧尼群が出現したことは画期的なことである。この歴史的な事態は行基個人がカリスマとして弟子を率いた問題としてではなく、行基と、弟子と名ざされている官僧尼が「朋党」を組み集団化して民間に布教活動を行うに至った問題として捉える必要があるのではないだろうか。養老元年といえば、道君首名が大安寺に衆僧、おそらくは僧綱以下主だった寺の三綱クラスと想定されるが、そうした衆僧に対して僧尼令を説いてから十数年後のことである。律令政府が大宝律令の施行に最も力を入れていた時期に、遷都後数年の平城京に、行基を中核として僧尼令違反の官僧群が出現した。こうした事態の出現が歴史的に必然性のある出来事として、また日本古代の仏教思想受容の問題としてこれまで十分に捉えられてこなかったのではないだろうか。本論考ではこの点を少しでも明らかにすることを課題とし、一つの試論を提示した。

寺家に寂居して戒律を守るべき僧尼が、還俗を覚悟で寺を出、民間に布教活動を行うには彼等をそのような実践に赴かせる相応の動機が必要である。従来の行基研究では、『続日本紀』が伝えるような律令体制下での役民や貢調運脚夫達の悲惨な客観的社会状況が行基を動かした、こうした者達が仏教活動の福田となったというような説明がなされてきた。しかし、そうした律令国家が生み出した社会状況や、各種の経典が説いている福田思想だけでは、畿内だけでも四十九院とよばれるような道場を各地に建設し、行基の死後も半世紀近くそうした道場が維持されていたことを十分に説明しきれない。四十九院の道場にはいわゆる社会事業といわれてきた土木事業と結び付いていない道場がいくつも存在する。社会事業という呼称や認識も極めて現代的発想からの把握ではないだろうか。行基とその弟子たちの活動をもう一度、仏教の視点から見直してみる必要を感じた。

行基等の活動が大乗仏教の説く菩薩行であったという認識は行基研究において共有されている。『続日本紀』行基伝の中でも「時の人号づけて菩薩といふ」とあり、弟子真成の記した「大僧正舎利瓶記」中にも「人は慈悲を仰ぎ菩薩と称す」とあって、行基が同時代の人々から菩薩として崇められていたことは疑問の余地がない。この場合の「人々」を理解する上で、「舎利瓶記」にある「天下の蒼生、上は人主（天皇）に至るまで」という表現がヒントになるかも知れない。行基伝にも同様な表現がある。菩薩は大乗仏教が生み出した出家者の理想像である。如来を目指して修行しながら、同時に衆生の苦しみを救済するためにいかなる犠牲も厭わず現世において活躍する。そのために菩薩に課される六波羅蜜の修行も重視されるようになった。こうした菩薩という言葉や思想は民衆の中から自然発生的に生まれたとは考えにくい。菩薩思想を知った仏教者が意図的に流布したことが推測される。それはいったいいつごろから、どういう人々によってなされたのであろうか。

古代の倭国では菩薩の言葉は初め仏像の名として知られることとなった。『日本書紀』ではすべて「菩薩像」として使われている。ただし、朱鳥元（六八六）年八月己巳朔に天武天皇不予のため、八十人を得度。続いて「庚午の日、僧尼并せて一百人を得度させ、宮中に百の菩薩を坐ゑて、観世音経二百巻を読ませた。」とある。この菩薩も菩薩像と解されているが、(2) あるいは新たに得度した百人の僧尼を指したとも取れなくはない。観世音経は観世音菩薩の救済を説く経典であるから、僧尼を観世音菩薩に擬え、天皇の病気平癒を祈願したとも取れるのである。そのように解することが可能だとしても、ここでの経典読誦の呪力によって病気平癒を願うという考え方は、仏教伝来以降の伝統的な王権、国家の仏教観に拠っているわけで、そこに大乗の理想とする菩薩思想の普及を見ることはできない。ただし、興味深いことは、この時期に道昭が活躍し、天武天皇の仏教政策にも貢献していると見られることである。天武紀六年八月乙巳に飛鳥寺で一切経読経の法会が行われた。一切経の収集事業は天武二年三月、即位の翌月に、川原寺で始まった。母斉明天皇とゆかりの深い川原寺で始まった一切経事業が飛鳥寺で完成しているのは、道昭がもたらした最新の玄奘訳を含む経典群が寄与しているためとの見解がある。道昭は、玄奘三蔵の元で大乗思想の尊さ、その思想と実践が集約されている大著『瑜伽師地論』百巻、そのなかでも菩薩行の意義と実践法を説いている「菩薩地」（地は境地）を学んで帰っていることは、本書第一章で検討した。天皇の病気平癒に百の菩薩僧尼が『観世音経』を読む法会を行ったということになれば、その背後には道昭の存在が想定できるかもしれない。

第二章で検討したように、道昭こそ玄奘から菩薩思想とはどういうものであるか、大乗思想が仏教の到達点としていかに重要か、その聖典が『瑜伽師地論』とりわけその中の「菩薩地」であることを学んで帰国した最初の僧である。道昭が日本にもたらした仏教を理解するには、志水正司氏が検証されたように、玄奘仏教の本質を抜きにして考えることはできない(3)。十七年間のインド遊学を終えて帰国した玄奘の仏教の中心にあったのは、大乗思想への確信と、その思想と実践を集大成した『瑜伽師地論』を弘めることであった。日本からの遣唐留学僧であった道昭に玄奘が伝えたものは玄奘が到達したこの仏教思想と実践であった。その経緯と実践が、『続日本紀』道昭伝から読みとれる。道昭の建立した禅院も、天下行業の徒に授けた禅（瑜伽）とその思想も、十有余年の天下周遊も、「菩薩地」に照らし合わせると一貫した実践活動として理解される。

第三章では古代仏教史における道場の起こりを検討した。道場とは僧尼にとってなにより禅修行の場である。道昭帰国以前には禅行も、したがって道場という施設もなかったといってよいのではないだろうか。大乗菩薩行の実践の中で初めて禅修行の重要さも理解されるようになった。元興寺東南隅に建てられた禅院が日本における道場の始まりではないかと推測した。おそらく山林道場での禅行の普及は基本的に道昭の禅院建立と禅修の教授とともに始まったといえるのではないかということを考察した。しかも、往々にしてそうした道場では、大乗菩薩思想が説かれ、教化が活発になるにつれて、菩薩思想に目覚める僧尼が増えていったことが推測される。大乗仏典が語る内容が、道昭の解説によって僧尼を捉えたであろう。そこには仏陀の教え、出家者が目指すべき道、修行の方法と階梯、従来の生活になかった仏教的善悪の規範、因果応報の理、なにより衆生救済こそが菩薩の使命とする大乗の教え等に目覚める僧尼達が出現したことであろう。そうした事態が大宝僧尼令に「別に道場を建て、衆を聚め教化」することを禁止する規定を盛り込む原因となったのではないかと考えた。道場の史料上の確たる初見は復原による大宝僧尼令であることを考察した。

第四章では、行基が前述のような大乗菩薩思想の影響を受けた僧尼を語らって「朋党」を結び、組織的な活動を開始して国家の注目を集めるに至ったのが養老元年頃ということを、元年の糺弾の詔を再読し、その後の仏教政策と照らし合わせて判断した。行基の道場では、禅が実習され、乞食や布施が重視され、行基自身も精進練行、戒行具足と称されるなど、行基とその弟子たちが「菩薩地」の説く菩薩の必須修行である六波羅蜜を励行していたことは、断片的ながら各史料に遺っている。一大須恵器生産地であった陶邑進出と大須恵院の建立、行基知識の最初の一大結集事業たる土塔の建立には「菩薩地」の影響が見られることも考察した。

第五章では、行基弟子の実態を知る上では第一級の史料である「大僧正記」と呼ばれてきた史料を検討した。従来の三写本の存在に加えて[4]、今回早稲田大学図書館蔵『竹林寺縁起』一巻に「大僧正記」が収載されていることが判明した。この『竹林寺縁起』の成立過程を追ってゆくと、「大僧正記」と呼ばれた史料が「大僧正舎利瓶記」と常に一体の史料として伝来していることも判明した。今回写本間の校定を行い、日下無倫氏が公表した『行基菩薩事蹟記』に収められていた「大僧正記」が善本であることが判明した。「大僧正記」と呼ばれてきたが、行基弟子の歴名と注録がその実態で、行基弟子を釈迦弟子に擬えたことを証明するために冒頭に「大僧正記」なるもののほんの一〜二行が逸文として引用されているにすぎない。『行基菩薩事蹟記』の題簽に記されていた「師徒各位注録」が史料の内容に見合あった呼称であるが、そもそもこの史料には題名がついていない。これが史料の成立事情やその時期を考えてゆく上で重要であると思う。なお、今後の課題としたい。

第六章では、行基研究史の中で、行基の「転向」とか「転身」と認識されて説が分かれている問題を取り上げた。修士論文の一部を論文化して『専修史学』に掲載されたもので、最初に公にした論文である。この問題をくぐり抜けないと、行基研究の先にすすめないような気がして取り組んだが、大乗仏教思想の自覚という視点はこの後、博論を仕上げるまでの一貫したテーマとなった。国家・王権の法会に「大乗」の語が登場するのは『続日本紀』天平十五年正月癸丑の記事である。ここまでの国家法会を一覧にしてみると、このときの法会の際だった特殊性が目を引く。その特殊性を分析した。この法会は国家・王権の仏教思想受容史から見て、同年十月の大仏建立詔とともに大乗菩薩思想による仏教事業を宣揚し、天皇自ら菩薩として万民を導くという立場を宣言したものとして画期的なものである。行基が弟子を率いて大仏勧進に参加してゆく動機がこの大乗菩薩思想の宣揚にあったのではないかということを考察した。

第二節　今後の課題

本論考では仏教の実践主体である僧尼が大乗仏教思想に目覚め、従来になかった形で民間に仏教を弘めてゆくその黎明期、始動の時期を扱った。行基等の布教活動はみるみる拡大し、天平期には各地で、さまざまな形で菩薩僧が現れ、布教活動を行って民衆仏教の隆盛期を迎える。この点については先学の研究が積み重ねられているが、この後、大乗仏教の衆生救済という思想がどういう形をとって地方へ、またより民衆の生活に密着した形で弘まってゆくのかを追究してゆくことも今後の課題である。

また、今回「師徒各位注録」(「大僧正記」)の検討を通じて、鎌倉時代に入り行基の再評価時代が訪れ、この中で「大僧正舎利瓶記」の発見や、竹林寺の創建、行基の事蹟の再評価が行われていることが分かった。そうした問題を中世仏教の中で位置付けることも新たな課題として見えてきた。

この間の研究は行基に収斂した、ある意味で狭い古代史分野に限った研究とならざるを得なかった。古代の国家にとっても、また民衆生活にとっても欠かせない宗教のもう一つの分野である神祇の世界や、古代人の生活に少しでも近づけるような視野の中で、さらに行基の問題、仏教の問題も捉え直してゆきたいと思っている。

注

（1）井上光貞「東域伝灯目録より見たる奈良時代僧侶の学問—下—」（『史学雑誌』第五七巻第四号　一九八四）
曾根正人「奈良期の南都教学と護国体制」（土田直鎮先生還暦記念会編『奈良平安時代史論集』吉川弘文館　一九八四）

（2）日本古典文学大系『日本書紀』頭注

（3）志水正司「瑜伽師地論」検証」（『日本古代史の検証』東京堂出版　一九九四）

（4）吉田靖雄「補論　行基の弟子について」（『行基と律令国家』吉川弘文館　一九八七）に三写本の異同一覧が載せられている。

あとがき

本書は二〇一四年度に専修大学に提出した博士論文を刊行したものである。博論では補論とした「「大僧正記」について」は加筆した上で第五章においた。なお以下の三章については『専修史学』に既発表のものである。

第二章　『瑜伽師地論』と行基集団（『専修史学』第五四号　二〇一三、原題「行基集団と『瑜伽師地論』」）

第四章　行基弟子と四十九院の運営（『専修史学』第五八号　二〇一五、原題「行基とその弟子再考―官僧尼の動向を中心として―」）

第六章　天平十五年正月の法会と行基（『専修史学』第四九号　二〇一〇）

晩学の身で古代史についての基礎的な素養もないまま、矢野建一先生の古代史ゼミに参加することとなった。先生との出会いは『続日本紀』講読という都民カレッジの講座をつうじてご指導いただいたのがご縁である。研究を始めて見ると行基研究のとてつもない蓄積に圧倒されたが、一つ一つを繙いて行くうちに古代史研究のもつ魅力にとりつかれ、博士論文をまとめるところまでこぎつけることとなった。学べば学ぶ程先学の研究の深さ、広さに気付き呆然とするとともに、またそうした研究のもつ魅力のとりこともなっていった。先学のかたがたの学恩を受け、学問というものの蓄積されてきた長い歴史の一端に触れることができたのは望外の幸せであった。

国文学出身の癖が抜けず、解釈、結論が先行しがちで、その欠点はまだ抜け切れていないと思う。「歴史学はプラクティカルな学問です」と矢野先生にしばしばたしなめられながら、史料をも疑うこと、ただただ実証することの重要さを学んだ。それでも関心が思想的な方面にあったこともあり、先生を初めゼミの諸先輩から絶えず史料による検証を指摘され、ご指導を受けながらたどり着いた行基論である。

指導教授の矢野建一先生には、常に辛卯強く寛容な目で見守っていただき、要所要所で進むべき道を指し示していただいた。本書の刊行にこぎ着けたのも、先生のご示唆と励ましによるところが大きい。同じく古代史担当の荒木敏夫先生にも常に具体的なご指摘と懇切なご指導をいただいた。先生の研究動向のお話や、ご自身の研究生活のお話も大きな刺激となった。また、講師でおいでになった仁藤敦史先生、林部均先生、田中禎昭先生から大きな学恩を受けることができた。ゼミの先輩である伊集院葉子氏の、着々と研究成果を公にされ、積み重ねられてゆく姿も後期課程まで進む私の原動力となった。同じく先輩の窪田藍さんにはゼミでの厳しい姿勢はもちろんのこと、今回本書の校正を引き受けて下さり大変お世話になった。また矢野研究室で共に学んだ雨宮康弘氏を初めゼミの方々にはアナログ人間の限界を様々な形で援助していただいた。先生方をはじめ皆様に心より感謝申し上げたい。

弥気寺の現地調査では薗田香融先生にご助言ご指導いただき、小川地区の大般若経六百巻の調査資料を閲覧させていただいた。薗田香融先生、それにこのときの現地調査を案内して下さった坂口巖氏に、この場を借りて心から感謝の気持ちをお伝えしたい。

和泉監知識経の閲覧に便宜を図って下さった天理大学附属天理図書館、池底叢書閲覧の便宜を図って下さった書陵部の櫻井彦氏、『竹林寺縁起』の閲覧にお世話になった早稲田大学中央図書館にも厚くお礼を申し上げたい。本書出版にあたっては専修大学出版局の笹岡五郎氏、相川美紀氏に懇切な助言をいただいた。特に相川氏には、不慣れな上に筆者の杜撰な性格から多々ご面倒をおかけしたが、快く対応していただき博論の仕上げである本書の出版にこぎ着けることができた。心よりお礼を申し上げたい。

瑜伽唯識については横山紘一先生に懇切なご指導をいただいた。最後に貴重な蔵書をお譲り下さり、終始論文作成を励まして下さった高校時代の恩師菱刈隆永先生にもこの場を借りて心から感謝の気持ちをお伝えしたいと思う。

本書は専修大学課程博士論文刊行助成制度の助成を受けて出版された。

Ⅲ　研究者名

Ⅱ　史料名

索　引

Ⅰ　主要事項

著者紹介

角田洋子（つのだようこ）

1942年　東京都新宿区に生まれる
1964年　お茶の水女子大学文教育学部国文科卒業
2007年　専修大学大学院文学研究科歴史学専攻修士課程入学
2014年　専修大学大学院文学研究科歴史学専攻博士後期課程修了
　　　　学位取得　博士（歴史学）

行基論 ― 大乗仏教自覚史の試み ―

2016年2月29日　第1版第1刷

著　者　角田　洋子

発行者　笹岡　五郎

発行所　専修大学出版局
〒101-0051　東京都千代田区神田神保町3-10-3
㈱専大センチュリー内
電話　03-3263-4230㈹

印　刷
製　本　電算印刷株式会社

2016 Printed in Japan　ISBN 978-4-88125-302-1